Ⓢ新潮新書

石破 茂
ISHIBA Shigeru

日本人のための「集団的自衛権」入門

558

新潮社

はじめに

「集団的自衛権」について議論されることが多くなっています。自民党は、二〇一二年の衆議院選挙で掲げた公約の中で、「集団的自衛権の行使を可能とする」と明記しました。その選挙で多くのご支持をいただいたこともあり、集団的自衛権の行使容認が現実的な話となってきています。そのため、新聞やテレビでもこの問題を扱う機会が増えました。もっとも、この問題について私が語ろうとすると、

「またその話ですか」

こういう反応をする方もいることでしょう。これまでにも折に触れて、この問題については新聞、テレビ、雑誌等のメディアを通じて、また講演などでも私は意見を述べてきました。

その場によって、説明の仕方は変えています。たとえば、バラエティ番組に近いよう

な場では、次のような説明をします（拙著『国難』から引用）。

「あなたに山田さんという仲良しの友達がいたとします。もしあなたが強盗に襲われたことが山田さんの耳に入ったら、山田さんは助けに来てくれるでしょう。もちろん、山田さんがやられたら、あなたは助けに行くはずです。友達ですから、当然です。

しかし、あなたにはそれが出来ないのです。山田さんが危害を加えられているのを見ながらこう言うしかありません。『山田くん、きみは大変な目にあっているけど僕は助けに行けないんだ。ごめんね、家の掟でそういうふうに決まっているから。でも、僕がやられたら助けに来て』。

おそらく山田さんは、あなたを本当の友達とは思ってくれないでしょう。

国と国でも同じことです。お互いに守り合うことで信頼関係が築けるのではないでしょうか。いざというときに助けに来てくれない国と、いったい誰が仲良くしたいと思うでしょうか」

討論の場では、こういう説明をすると、大抵、反対意見の持ち主から様々な反論やツッコミが出ます。

「自民党は日本を『戦争ができる国』にしようとしているだけでしょう。そんなものがあれば、自衛隊を地球の裏側に出して戦争することになる」

「一体、どこの国が攻めてくるというんだ。石破さんは軍事ボケしているんじゃないの」

「集団的自衛権を認めたら、ますます中韓との関係が悪化する」

こうした意見について、私はすべて反論できます。多くの懸念や指摘はすでに検討しつくしたものであり、その上で私は持論を述べているからです。

ところが、多くの場合、議論は互いの意見を言いっぱなしということで終わってしまいます。私は私の意見を述べ、相手はそれに対して言いたいことを言う。そのうちにテレビであれば時間切れ、活字の場合は文字数の制限がネックとなり、議論が深まらないのです。特にテレビの場合は、その傾向が顕著です。以前、集団的自衛権をテーマに番組を作れないものか、テレビ局のプロデューサーに尋ねてみたところ、「この話題になると視聴率が下がるんだよね」という答えでした。

そんな事情もあってか、議論はいつも中途半端に終わる。真面目にその問題について知りたい視聴者や読者には「結局、何が正しいのだろうか」というモヤモヤした感じだけが残るのです。

特にテレビの場合は、討論の相手と知識のレベルや考えのベクトルがあまりにも異なるということも珍しくありません。たとえば、「一体、どこの国が日本を攻めてくるというんだ」という意見について言えば、今この瞬間のことだけを考えれば、その通りでしょう。いえ、今年、来年あたりについてもおそらくどこかが急に日本を攻撃してくる可能性は、そう高くはないでしょう（それでもゼロだとは私は言いません）。

しかし、政治家はそのように短いスパンだけで議論をすべきではないと私は考えています。外交・安全保障というテーマにおいては、特にそうです。

また、言うまでもなく、視聴率や人気を考えてこのテーマについて政治家が意見を述べるというのも論外です。

自衛隊をきちんと憲法に書きたい、そして集団的自衛権の行使を法律で可能にしたい、というのは、私の政治家としての信条です。これは決して「戦争をしたい」からではなく、どうすれば「戦争をしない」状況を合理的に作れるかを徹底的に考え抜いた末の結論でもあります。そのため、二〇〇六年から二〇〇七年にかけては、自民党の国防部会のもとで、集団的自衛権についての勉強会を一〇回開きました。

本書の第一章は、その時のレジュメなどをベースにしながら、この分野についての知識がない方にもできるだけわかりやすいよう心がけて書いたものです。

また、第二章では、よくある疑問、反論、ツッコミに対してできるだけ具体的、丁寧に答えるような形で書きました。かた苦しい勉強をするよりも、テレビの討論の続きを知りたい、という読者は、こちらを先に読んでいただいても構いません。これまでに抱いたモヤモヤ感を解消できるのではないかと思います。

そして付録として、現在準備中の国家安全保障基本法案の概要も掲載しております。

本書の執筆はもちろんのこと、この分野について考える上で、参考にさせていただいたのは、『新版　集団的自衛権――新たな論争のために』（佐瀬昌盛著、一藝社）です。この分野についてより深く勉強なさりたい方には一読をお勧めします（本書で引用している佐瀬先生の文章は全て同書より）。

また、『「集団的自衛権行使違憲論」批判』をはじめとする吉原恒雄先生の論文にも多くのご示唆を受けました。

集団的自衛権の問題は、決して「軍事オタク」だけが知っておくべきことではありませんし、これを考えることが戦争をしないことにつながる、と言っても過言ではないと思います。すべての日本人の生活を支える基盤に関係することです。本書がこの問題について理解する一助となれば幸いです。

（なお、本文中に引用した国会答弁等については、読みやすさを考え、表記等を一部改めています）

日本人のための「集団的自衛権」入門——目次

第二章　「集団的自衛権」対話編　105

第一章　「集団的自衛権」入門編

1　戦争は禁止されている

集団安全保障と集団的自衛権

「集団的自衛権」についてお話しする前に、よく混同される「集団安全保障」という考え方についてまずご説明いたします。この二つの言葉は響きがよく似ていますし、実際に深く関係しているのですが、まったく別物だとも言えます。そして、集団的自衛権について理解するうえでも、集団安全保障の考え方を知っておく必要があると思います。「集団安全保障」という考え方は、第一次大戦以降に生まれたものです。そして第二次大戦を経て、その考え方はさらに発展しました。それ以前には、国の安全を維持するため、または国の発展を図るために、軍備を整え、他国と同盟を結び、必要ならば戦争に訴えることとは、個々の国家が持っている権利でした。つまり各国は戦争をする「権利」

を持っていたわけです。
しかし、第二次大戦後に生まれた国際連合（以下、国連）では、原則として戦争を「禁止」という扱いにしました。戦争はもうこりごりだ、と思ったのは敗戦国の日本だけではありませんでした。第二次大戦後には、多くの国が同じように感じて、平和を求めたのです。
そのため、現在、国際法上、戦争は実質的に禁止されています。意外と知られていないのですが、少なくとも国連では、そのような取り決めが明文化されているのです。国連の憲法ともいえる「国連憲章」第二条第四項は次の通りです。

「すべての加盟国は、その国際関係において、武力による威嚇又は武力の行使を、いかなる国の領土保全又は政治的独立に対するものも、また、国際連合の目的と両立しない他のいかなる方法によるものも慎まなければならない」

要するに、国連加盟国同士は揉め事があっても武力に訴えてはいけないよ、戦争は駄目だよ、と言っているわけです。

「いやいや、そんなこと言っても、国連発足後もあちこちで戦争が起きているじゃないですか」

そういうツッコミが当然予想されるところですが、その点については後で触れます。ともあれ、国連憲章では「戦争は駄目」と決めたわけです。

しかし、このように文章に書いたからといって、加盟国が必ず守るとは限りません。おかしな独裁者が暴走して、無茶苦茶な侵略戦争をしかけることもありえます。

そうしたことへの対策も国連は当然、考えました。もしも第二条第四項を破って、平和を破壊したり、侵略をしたりする乱暴な国が現れたら、国際社会が一致協力して対応して、平和を取り戻さねばならない、と。これが「集団安全保障」という概念です。全ての加盟国が国連という「仲間（結社）」であるとした上で、その仲間内から約束を破る乱暴者が現れた場合には、その他の仲間の国々が共同して制裁を加えるということです。

国連憲章第四三条には、この件について以下のように定めてあります。

「1　国際の平和及び安全の維持に貢献するため、すべての国際連合加盟国は、安全保障理事会の要請に基き且《か》つ一又は二以上の特別協定に従って、国際の平和及び安全の維持に必要な兵力、援助及び便益を安全保障理事会に利用させることを約束する。この便益には、通過の権利が含まれる。

2　前記の協定は、兵力の数及び種類、その出動準備程度及び一般的配置並びに提供されるべき便益及び援助の性質を規定する。

3　前記の協定は、安全保障理事会の発議によって、なるべくすみやかに交渉する。この協定は、安全保障理事会と加盟国との間又は安全保障理事会と加盟国群との間に締結され、且つ、署名国によって各自の憲法上の手続に従って批准されなければならない。」

ごく大まかに言えば、集団安全保障をきちんと機能させるためには、加盟国は兵力やその他の援助をする、そしてそれにかかわることは安全保障理事会で決める、ということです。乱暴者が無茶な事をやってきた時には、国連の安全保障理事会が知恵を絞り、そして手を貸してくれるというわけです。

安全保障理事会は機能するか

このような集団安全保障の考え方自体はとても素晴らしいものです。いかに頭のおかしい独裁者であっても、国連加盟国全部を敵に回したいとは普通は考えません。戦っても勝ち目はないからです。だから結果的にはおかしな戦争を仕掛けたりはしないだろう。論理的にはそうなります。

ところが、問題は安全保障理事会というものの性質です。高校あたりで習ったことのおさらいになりますが、少しだけ安全保障理事会について説明をしておきましょう。

安全保障理事会は、五つの常任理事国と一〇の非常任理事国から構成されます。常任理事国は、アメリカ、イギリス、フランス、ロシア、中国です。非常任理事国は投票で選ばれ、毎年、半分が改選されます。二〇一三年現在はパキスタン、トーゴ、モロッコ、アゼルバイジャン、グアテマラ、オーストラリア、ルクセンブルク、アルゼンチン、ルワンダ、韓国です。

国際平和を脅かすような事態が起きれば、安全保障理事会が開かれて対応を話し合うことになります。一五か国中、九か国以上が賛成すれば、そこで話は決まります。しかし、問題は、常任理事国には「拒否権」があるという点です。たとえ一四か国が賛成している案件でも、常任理事国が一か国でも拒否権を行使して反対に回れば、合意は成立しません。

これは、仮に乱暴者が現れたとしても、常任理事国のどこかと親密な関係であれば、かばってもらうことが可能になるということです。また、表立って乱暴者の味方はしないまでも、話し合いを適当に長引かせるといったことも考えられます。

国連発足後、世界のあちこちで起きた戦争を止める際に、必ずしも国連が機能しなかったのにはこのことが一因として挙げられます。仮にある常任理事国が他国を侵略しても、それを速やかに止めるようなことは現在の国連のシステムではできません。また、いずれかの常任理事国の傀儡政権のような国が侵略行為などを行っても、やはり同様でしょう。

常任理事国と非常任理事国がみんな、本当に国際平和のみを心から望み、そのためにベストを尽くすのであれば、集団安全保障体制はとても心強いものでしょう。しかし、現実の国際政治の場面では、もっとドロドロした事情や利害得失が絡むことは珍しくない。となると、「結局、せっかくの集団安全保障も機能しなくなってしまうのではないか」という懸念が生まれるのは当然でしょう。

国連憲章を定めるための準備をする会議は、第二次大戦終了の前年である一九四四年にすでに行われていました。憲章の原案を作成するためのこの会議をダンバートン・オークス会議と言います。ダンバートン・オークスというのは会議が開かれたアメリカのワシントンDC郊外に今も現存するお屋敷の名前です。

会議というものは、規模の大小に限らず、往々にして揉めるものです。世界に秩序をもたらそう、という素晴らしい理想のためのダンバートン・オークス会議ですら、参加国によって主張は異なり、さまざまな立場の違いがありました。その詳細はここでは省きますが、この会議の時点で、すでに先に述べた懸念も議論されていたのです。

「何だかんだ言って、常任理事国が拒否すれば、集団安全保障も何も機能しない。それに安全保障理事会が何かを決める前には、何の手立ても講じられないというのでは、われわれ小国はいったいどうなってしまうのか」

こうした声がラテン・アメリカの国から出ました。

確かに、第二条第四項だけを愚直に守れば、乱暴者に攻め入られても「武力」を使った抵抗すらできないということになってしまいます。やられっぱなしもいいところですから、懸念はもっともです。こうした声に応える形で、考えられたのが、国連憲章第五一条でした。

「この憲章のいかなる規定も、国際連合加盟国に対して武力攻撃が発生した場合には、安全保障理事会が国際の平和及び安全の維持に必要な措置をとるまでの間、個別的又は集団的自衛の固有の権利を害するものではない。この自衛権の行使に当って加盟国がとった措置は、直ちに安全保障理事会に報告しなければならない。また、この措置は、安全保障理事会が国際の平和及び安全の維持または回復のために必要と認める行動をいつでもとるこの憲章に基く権能及び責任に対しては、いかなる影響も及ぼすものではない」（傍点は筆者による）

これも簡単に言えば、次のようになります。

「自国が攻められた場合に、国連の安全保障理事会がちゃんと対応してくれるまでの間は、その間を埋めるつなぎとして、個別に自衛権を行使して戦っても良い。また、普段からつきあいのある仲間の国同士で協力して自衛権を行使して戦っても良い。その二つの自衛権を国家は固有の権利として持っている。

ただし、どういうことをしたかについて安全保障理事会に報告はしなければならない」

集団安全保障という考え方やそれに基づく体制は尊重しなければいけないけれども、それだけでは現実に対応できないこともある。その場合には「個別的自衛権」と「集団的自衛権」という固有の権利を行使して対応しなければならない、ということを言っています。第二条で述べた集団安全保障という概念の足りないところを補うために作られたのが第五一条だと言えます。

ここで述べられている「個別的自衛権」はとてもわかりやすい概念です。自国が攻められたら、対抗して自衛する。そのためには武力も用いる。個人に置き換えれば「正当防衛」のようなものだと考えればいいでしょう。

しかし、「集団的自衛権」のほうは少々、いや、かなりわかりにくい概念です。そもそも、この第五一条までは出てきていなかった、つまりここでデビューしたといってもいいような概念なのです。そのため実は日本に限らず、世界中で解釈について議論が行われてきました。

次項で、この「集団的自衛権」の中身について詳しく見ていきます。

2　第五一条はどう解釈されてきたのか

新しい概念の定義

前項で見たように国連憲章第五一条には、集団的自衛権について次の一文があります。

「この憲章のいかなる規定も、国際連合加盟国に対して武力攻撃が発生した場合には、安全保障理事会が国際の平和及び安全の維持に必要な措置をとるまでの間、個別的又は集団的自衛の固有の権利を害するものではない」

「集団的自衛」の「権利」すなわち「集団的自衛権」という言葉はここで初めて登場しました。なのにその初登場の言葉の説明がないのです。それは一体どういうものなのか、その定義は国連憲章には書かれていません。

私は一般に説明する際には、「はじめに」でも書いた通り、子供同士のけんかを例にしていますし、それは大筋において現在世界で考えられている集団的自衛権の定義に沿っていると考えています。ただ、そのような定義に落ち着くまでは、さまざまな議論がありました。本項ではその経緯を見てみましょう。

「第五一条デビュー」のこの新しい概念については、いろいろな説が唱えられました。代表的なものを三つ挙げてみましょう。すこしややこしいですが、どうか我慢してください。

①「集団的自衛権というのは、それぞれ単独に自衛を行っている国家行為の集団現象である」

たとえばA国がB国、C国、D国を一斉に攻撃してきたとします。当然、B国、C国、D国は自衛のために応戦します。このような現象が集団的自衛権である、という説です。

②「ある国の単独的行為である自国防衛への集団的関与であり、『自衛』というよりも『集団的防衛』とすべき概念である」

たとえばA国がB国を攻撃してきたとします。B国は当然応戦しますし、B国と同盟関係にあるC国やD国もそれに加勢する。その権利のことを指すのだが、ただしC国やD国にとっては攻撃されたわけではないのだから、これを「自衛」というのはおかしいから、自衛という言葉ではなくて「防衛」というほうが正しい、という説です。

③「集団によって『集団的自己』を防衛するという概念である」

A国がB国を攻撃したときに、B国は応戦しますし、C国、D国はそれに加勢をします。加勢をするのは、「B国が攻撃されたのは、自国への攻撃、脅威と同じだ」と見なしたからです。つまりB国の防衛に関与することは、自国を守るのと同様だという考え方が存在していて、集団的自衛権とはそういう概念だ、という説です。

私の考え方、そして世界の主流は現在③であると言っていいでしょう。

①に関しては、そもそも他国が加勢することを良しとしていないのに、それではなぜ「集団的自衛権」といった概念をわざわざ第五一条に入れたのかが、説明できません。

②は③と近いのですが、第五一条の解釈に際して「そもそも『集団的自衛権』という言葉がおかしいのだ」と指摘しているわけで、あまり現実的とは思えません。すでにそ

こにある言葉の解釈、定義を議論するにあたり、前提をひっくり返しているのです。

それは自然権である

読者の方々は、この手の定義の話を読んで眠くなってしまうかもしれません。実際、こうした法律の解釈や定義といった話は、あまり一般受けしません（個人的にはとても面白い作業だと思うのですが……）。

ともあれ、もう少しだけおつきあいください。集団的自衛権の定義が③だとして、もう一つ議論の対象になっている言葉がありました。それは「固有の権利」です。「固有の権利」とは一体どのようなものを指すのでしょうか。

佐瀬昌盛先生は、「固有の権利」とは人間でいうところの「自然権」、つまり生まれながらにして持っているものだと述べています。その論拠の一つとして、この部分の外国語での表記を示しています。以下、それをかいつまんで紹介いたします。

英語で「固有の権利」の部分は「the inherent right」。このうちの「inherent」は「固有の」「本来の」「生来の」「……に内在する」という意味です。

佐瀬先生は次にフランス語訳、中国語訳の該当部分を引きます。フランス語では

「droit naturel」。「naturel」は「natural」と同じですから、まさに「自然権」と訳されていることになります。また、中国語では「自然権利」とそのままの訳語があてはめられています。その他、スペイン語、ロシア語、ドイツ語の訳も検討したうえで、佐瀬先生は「固有の権利」とは「自然権」と同じだと断じています。

なぜ佐瀬先生がこのようなことを述べていたか。それは「集団的自衛権」という概念や、日本政府がそれを行使できるといった考えに対して批判的な人の中には、この「固有の権利」という部分にこだわる向きも少なからずいるからです。それは次のような論理です。

「集団的自衛権自体が、国連憲章『第五一条デビュー』の海のものとも山のものともわからない新参者じゃないか。国家というものは数千年前からあるのに、どうしてつい最近の国連憲章でデビューした権利が『固有の権利』なんて言えるのか」

こうした論理を唱える人は、法律の専門家とされる中にも一定数います。それに対して、佐瀬先生は、次のように批判しています。

「『集団的自衛権』なるものは国連憲章第五一条によって創られたものだといわれるこ

とが多い。そういう見解は、わが国だけでなく他国においても唱えられてきた。たしかに、『集団的自衛権』という概念ないし用語を国連憲章以前の国際法典類に探しても見当たらないのだから、それが憲章第五一条によって創設されたということ自体は、誤りではない。ただ、その概念ないし用語は新しいとしても、そのことは、国際政治史上、集団的自衛の行為がいくつもあったという事実そのものを否定することにはならない。

それはともかく、同じく憲章第五一条による『集団的自衛権創設』論を採っていても、わが国の国際法学者と諸外国の国際法学者とのあいだには、少なくとも一点、重要な差が認められるように思えてならない。それは、第五一条で『創設』されたにもせよ国家『固有の権利』としての集団的自衛権という概念が諸外国ではすっかり受け容れられているのに、わが国ではそれを『固有の権利』とみなすことにいまなお強い難色を示す国際法学者が少なくない点にある」

つまり、集団的自衛権が国家にとっての自然権であるということはすでに国際的には議論の余地がないほどに受け容れられているのに、日本ではまだその議論にこだわっている人がいる、というのです。

確かに、国連憲章以前には、「集団的自衛権」という概念こそ存在していませんでした。が、実態としては集団的自衛と考えられる事例は多く存在していました。第二次大戦の連合国のような同盟関係はそれにあたります。言うまでもなく、その連合国が国連のもとになっているわけです。

「石破は集団的自衛権の行使を認めさせたいから、自分に都合のいい考えを紹介しているのだろう」と疑う方もいるかもしれません。しかし、当然のことながら、国際社会は国連憲章だけ作っておいてあとは放ったらかし、だったわけではありません。さまざまな戦争や裁判も経て、議論を積み重ねたうえで、集団的自衛権についての理解を深め、一定の合意をしてルールを形成してきたのです。

国連憲章以後、発足したNATOや旧ワルシャワ条約機構は、集団的自衛権という概念のもとに作られたわけですが、これらを違法だと言う人はいません。

佐瀬先生が述べておられるように、世界各国では集団的自衛権という概念が「すっかり受け容れられ」ているのには、それなりの経緯があるわけです。

次項では、その経緯について具体的に見ていきます。

3　ベトナム戦争は「自衛戦争」か

自衛と侵略の関係

集団的自衛権の行使の可能性を論じる際に、強く反発する人の代表的な意見に次のようなものがあります。

「太平洋戦争だって、日本にとっては自衛戦争だったという人がいる。結局、自衛権というのは戦争をしかける時の口実になるのだ」

確かに、そういう懸念を持つ人がいることは理解できます。しかし、そのような懸念は何も平和憲法を持つ日本人だけが持つものではありません。国連憲章第五一条ができた当初から、国連加盟国は集団的自衛権の濫用には気をつけなければならない、と考えていたのです。だからこそ前項で述べたように、さまざまな議論が積み重ねられてきました。

現在、集団的自衛権の行使に関しては、一定の要件が必要だということが国連での共通認識になっています。

① 国連加盟国に対して武力攻撃が加えられたこと
② 安保理が必要な措置を取るまでの間であること
③ 自衛権行使の措置を遅滞なく安保理に報告すること

この三つは、第五一条にも書いてある通りです。①について補足しておけば、国連に加盟していない国への支援のためにも行使できるというのが通説です。たとえばバチカン市国は国連には加盟していません。しかし、仮にどこかの国がピンポイントでバチカン市国を攻めてくれば、イタリアをはじめとしたヨーロッパの国が集団的自衛権を行使する可能性はあるでしょう。そして、その行為は国連憲章とは別の一般的な国際法の下では合法だとされると考えられます。

この基本の三つの要件に加えて、「ニカラグア事件」(後述)に関係して、国際司法裁判所は以下の三つの要件も必要だ、としています。

④　不法な武力攻撃の存在を被害国が宣言すること
⑤　被害国が支援を要請すること
⑥　必要性、均衡性を有すること

それぞれについては、この後詳しく見ていきますが、もう一つ、伝統的な国際法上の自衛の概念としては、

⑦　危害を避けるためにやむを得ないものであること

というものも要件に挙げられています。個人のレベルでは過剰防衛という概念があります。相手が刃物を振り回していれば、それなりに武力で対抗しても正当防衛だと許されますが、「殺すぞ」と口で言われただけで、その相手を刺すのは明らかに「やり過ぎ」だというのが常識でしょう。そう考えれば⑦は、ごく常識的な要件だということはご理

解いただけると思います。

ベトナム戦争

国連発足後に起きた戦争の中には、集団的自衛権との関係が議論されたケースがいくつかあります。具体的なケースを見ていきましょう。

まずは、ベトナム戦争です。その大まかな経緯は以下の通りです。

一九四五年、第二次世界大戦が終結し、ベトナムから日本軍が撤退すると、「ベトナム独立の父」と言われるホー・チ・ミンが北部ハノイに首都を置き、共産主義によるベトナム民主共和国（北ベトナム）の成立を宣言しました。

もともと日本が進駐するまで、ベトナムを支配していたのはフランスでした。フランスは北ベトナムを認めず、再進駐して、一九四六年にはベトナム南部にコーチシナ共和国という国を作りました。いわゆる傀儡政権です。この国がフランスの支援のもと、北ベトナムに武力攻撃を開始しました。これを第一次インドシナ戦争と呼びます。この時、フランスは一万六〇〇〇もの兵力を投入したものの惨敗し、ベトナムからの撤退を余儀なくされます。この結果、一九五四年にジュネーブ協定が結ばれて、北ベトナムの独立は認められました。さらに、同じ協定では一九五六年には選挙を行って南北ベトナムを統一するようにという取り決めも交わされました。

第一次インドシナ戦争中、フランスの立場を支持していたのがアメリカです。アメリカは当時、共産主義が世界に広がることを強く警戒していました。南ベトナムへのアメリカの影響力は強く、一九五五年にはアメリカと強い結びつきを持つゴ・ディン・ジェム首相が大統領となり、ベトナム共和国（南ベトナム）が成立します。

これで南ベトナムが民主的で平和な国になれば問題はなかったのですが、そうはいきませんでした。ゴ大統領やその一族は圧政を布《し》き、特に共産主義者へは徹底的な弾圧を行いました。さらに、南北統一に対しても反発をし、統一選挙も拒否しました。これらにはアメリカの意向が強く働いていたと言われています。

この大統領に対抗して一九六〇年に結成されたのが、南ベトナム解放民族戦線、いわゆるベトコンです。かれらは北ベトナムの指導の下、政権へのゲリラ活動を開始します。その実力は相当なもので、南ベトナムの正規軍を負かしてしまうほどでした。

このまま放っておいては、北ベトナムが南ベトナムを乗っ取ってしまう。そう考えたアメリカは、米軍を直接ベトナムに送り込むことにしました。当時の大統領はジョン・

F・ケネディです。

アメリカの立場は、共産主義勢力が強まることは好ましくない、というものです。しかし、だからといって、それを理由に遠く離れたベトナムにまで軍隊を派遣するというのは、許されるのか。そういう疑問が出てくるのは当然でしょう。実際、そういう声は当時も挙がりました。

アメリカの正義は正論か

これに対して、アメリカは、「武力介入は国連憲章第五一条に矛盾しない」と主張し、その理由として次のようなものを挙げました。

① 南ベトナム政府の要請があった
② アメリカ大統領は、南ベトナムを援助すると誓約している
③ 北ベトナムの侵略に対する復仇行為である
④ 東南アジア条約機構（ＳＥＡＴＯ）の取り決めによる

④にあるSEATOとは一九五四年に、オーストラリア、フランス、イギリス、ニュージーランド、パキスタン、フィリピン、タイ、アメリカで結成された反共産主義諸国の軍事同盟です（一九七七年に解散）。

①～④をあわせて、アメリカの言い分を簡単にまとめると、次のようになります。

「そもそも北ベトナムが南ベトナムを侵略してきたのだ。だからアメリカと密接な関係にある南ベトナムが、助けてくれ、と言ってきた。この地域に関しては、SEATOという軍事同盟もあり、その取り決めにも則っている」

こうしたアメリカ側の言い分に対しては、次のような疑問や反論が呈されていました。

①については、「そもそも南ベトナム政府からの正式な要請があったのか」という根本的な疑いがありました。というのも、当時、すでにゴ政権はクーデターで倒れており、住民を代表する政府は存在していないような状態でした。アメリカに「要請をした」とされているのは、アメリカの傀儡政権です。

②については、確かにアメリカがゴ首相に対してかつて「防衛確約の書簡」を出してはいますが、それはあくまでも経済的・軍事的援助を約束しているだけで、直接の武力行使までは含まれていない、という指摘がなされました。

③についてはどうでしょう。「復仇」というのは「相手方の国際法違反行為に対し、それを中止させるために同種同程度の行為を行うこと」とされています。しかし、そもそもベトコンの行動は、北ベトナムの指示によるものなのか、それとも自発的な活動なのかは不明でした。米軍は北ベトナムに対して無差別爆撃を加えましたが、それが「同種同程度の行為」かどうかは疑わしい。しかも、そもそも国連憲章第二条では復仇行為は非合法とされていました。

④についても、SEATOの軍事行動には、安保理の事前許可が必要なのに、その許可をアメリカは得ていない、と指摘されました。

このように見ると、アメリカの論理は苦しいように見えます。先に挙げた要件を満たしているとは言いがたい。

この一件をアメリカは国連安保理に届け出ませんでした。また関係国が国際司法裁判所へ提訴することもなかったので、一定の公式見解というものは今日までないままになっています。

アメリカ軍は一九七三年にベトナムから撤退をします。この戦争に関しては、アメリカ国内でも否定的な捉え方をする人が多く、さまざまな小説や映画の題材となっていますが、それらは本書の本題からは外れるので、ここでは省きます。

プラハの春

冷戦時代、アメリカと対立していたソ連も、よく似た行動を取っています。一九六八年のソ連のチェコスロバキア侵攻です。

第二次大戦後、チェコスロバキアは社会主義国家としてソ連と同盟関係にありました。しかし、六〇年代後半になると、チェコスロバキアではソ連とは別の独自路線を歩もうとする動きが活発になっていきます。ソ連との同盟関係は維持しつつも、もっと西側とも経済関係を強化して、友好関係を築こうとしたのです。五〇歳代後半以降の方々の中には、「プラハの春」とか「ドプチェク第一書記」を思い出される方もありましょう。

このような動きに対して、ソ連は警戒感を強めます。アメリカが北ベトナムに対して持った警戒感の裏返しです。ソ連は、チェコスロバキアに対して軍事演習による威嚇や、会談での圧力など様々な働きかけをしますが、どうもうまくいきません。このまま放っておいては、好ましくない事態になると考えたソ連は、軍事介入を決定します。そして、一九六八年、ソ連を中心としたワルシャワ条約機構軍が、チェコスロバキアに侵攻して、全土を占領下に置きました。

この軍事介入について、ソ連は当時、次のような主張をしていました。

「兄弟的社会主義諸国間に締結された同盟諸条約に規定されている各国の個別的及び集団的自衛権の権利に完全に合致している」

兄弟のような関係のチェコスロバキアが危機にあるのだから、集団的自衛権を行使したのだ、というのです。そして、以下のような理由を述べていました。

①「チェコスロバキア社会主義共和国の党と政府の指導者たち」による武力による援助を含む緊急援助の要請があった

② 人民の社会主義的獲得物を防衛することは全ての社会主義国にとっての共通の義務である

③ チェコスロバキア情勢のこれ以上の悪化はソ連その他の社会主義諸国の安全保障にも影響を及ぼす

要するに「チェコスロバキア政府の指導者から頼まれた。社会主義を守ることは社会主義国家全体の義務である。チェコスロバキアが安定しないと、我々も危険である」というのです。

しかし、この言い分に対しては、

「そもそもチェコスロバキア政府は、西側から武力攻撃があったことを認めていない。また、チェコスロバキア政府は支援も要請していない。ソ連が主張している党や政府からの訴えというのは匿名のグループだ」

といった疑問、反論が出されました。

確かにこの時点では、別にチェコスロバキアはどこかから攻撃されていたわけではありません。その点では南ベトナムよりもはるかに平和な状態だったのです。軍事的に攻めてきたのは、ソ連率いるワルシャワ条約機構の側です。

この時には、アメリカ、イギリス、フランス、カナダの要求で国連安保理事会が招集されました。そして「(ワルシャワ条約機構軍の)侵攻は国連憲章に反する内政干渉であり、即時撤退を求める」という決議が提出されました。しかし、ソ連が拒否権を発動したために採決はされませんでした。

結局、この件はソ連とチェコスロバキアの間で話し合いが行われて「モスクワ議定書」が交わされて、事態が収束に向かい、国連での議論が特にルール形成につながるところにまでは至りませんでした。

ニカラグア事件

ベトナムとチェコスロバキアの例を見ると、こう思う人もいることでしょう。

「結局、大国が自分の都合で動く時に、『集団的自衛権』を口実にしているだけじゃないか。しかも、それについて国連は何の手出しもできない。それどころか、まともなルール作りさえできていない」

確かに、現代の視点で、この二例を見れば、かなり無理な論理で武力行使をしていると思うのは自然なことでしょう。そして、こうした事案に対して、国連が有効な手立てを打てていたとは言い難いところがあります。

しかし、この後、集団的自衛権を巡って、国際司法裁判所で争われて、判決まで出た例があります。それが、前述の「ニカラグア事件」に関するものです。

ニカラグアは中米では一番広い国で、一九三六年以降はソモサ一族が政権の座に就いていました。このソモサ政権は、アメリカとは友好的な関係にありました。しかし独裁体制への反発が強まり、一九七九年には左翼勢力が革命を成功させます。この時の革命勢力がサンディニスタ民族解放戦線で、樹立した新しい政権はサンディニスタ政権と呼ばれています。

サンディニスタ政権は、反米的な立場を取っていたものの、当初アメリカはそれを容認していました。当時の大統領が穏健的な外交方針のカーターだったおかげという面もあるでしょう。

ところが、次にアメリカ大統領となったのはレーガンでした。レーガンは共産主義に対して厳しい態度を取る立場であり、アメリカは対ニカラグア政策を一変させます。「サンディニスタ政権は、エルサルバドル等、周辺諸国の反政府ゲリラを支援して、社会主義の拡大を図っている」

このように考えて、ＣＩＡはニカラグアの反政府勢力「コントラ」を支援しました。さらに、ニカラグア国内の港に機雷を敷設し、石油施設・海軍基地への攻撃、偵察飛行による領空侵犯を行いました。

当然、ニカラグア政府はこれを許すはずがありません。対抗措置として、国際司法裁判所にアメリカの国際法違反に関する損害賠償を求める訴えを起こしました。ニカラグア政府は、外国であるアメリカが国内の一部の勢力を積極的に支援するのみならず、米軍自らが乗り出して活動するなど、国際法上許されないことだと訴えたのです。

これに対して、アメリカは自らの行動を正当だと主張するにあたって、集団的自衛権の考え方を用い、次のような説明をしました。

「ニカラグアは、エルサルバドル、ホンジュラス、コスタリカに対して武力攻撃をしている。そしてこれらの国からの要請があったから動いたのだ」

国際司法裁判所では、この裁判で次のような判決を下しました。まず、集団的自衛権そのものについては、次のように述べています。

① 慣習国際法上確立している権利である（国連憲章自体がそう証言している）

② 合法性の要件としては「必要性」と「均衡性」が要求される

③ 「武力攻撃」とは、正規軍の越境行為だけではなく、武装部隊や非正規軍・傭兵を派遣した行為が実質的に武力攻撃に該当する場合も含む

④ 「武力攻撃を受けた」との見解を宣言しなければならないのは、その攻撃の犠牲となった国家である。他国が自らの評価によって集団的自衛権を行使することを許す慣

習国際法の規則はない
⑤　武力攻撃の犠牲者とみなす国の要請が必要である
この原則を述べたうえで、アメリカの行為に対しては、次のように述べています。
①「他国の反政府勢力に対する武器の供給がその国への武力攻撃をなすと考えることはできない」ので、ニカラグアによる武力攻撃の存在は肯定しえない
②　エルサルバドルが武力攻撃の被害国たることを公式に宣言し、米国にその権利の行使を要請したのは、米国の行動開始日よりかなり遅れており、ホンジュラス、コスタリカについてはその事実は証明されていない
①は、たとえニカラグア政府が外国の反政府勢力に武器を渡していたとしても、そのことが武力行使と同じだとはいえない、ということです。
このように述べたうえで、この件でのアメリカの行動は、集団的自衛権の正当な行使だとはいえない、としました。

この裁判は、手続上のことでアメリカがいろいろと注文をつけたこともあり、提訴から判決まで二年二か月もかかりました。また、アメリカは判決を不服としただけではなく、武装勢力の支援も続けました。それに対してニカラグアは安保理にも訴えましたが、当然、アメリカが拒否権を行使し、判決を守ろうとはしません。結局、国連総会で判決を守るように求める緊急決議案が採決されました。

アメリカだけではなく、ニカラグアにとっても不満の残る結果ではあったにせよ、それまで公の場できちんと議論されることがなかった集団的自衛権の濫用の問題が、国際司法裁判所という大きな舞台で検討されたことには大きな意義がありました。

法律というものは、その条文だけでは使うにあたって難しいところがあります。あくまでも書かれているのは大きな一般原則に過ぎず、細かい具体的な例については、解釈が分かれるからです。そのため、多くの場合、過去の判例が参考にされます。それは具体的な事案について検討したうえで出された結果だからです。

集団的自衛権については、ここで挙げたような過去の戦争や武力行使の例が、解釈をするうえでの大きな役割を果たしています。中でも、ニカラグア事件は、国際司法裁判所で判決まで出たという点で画期的でした。これによって、本項の冒頭で述べたような、集団的自衛権の行使に必要な要件が整理されたからです。

もっとも、だからといって集団的自衛権の濫用の怖れがなくなったわけではありません。濫用の例のみを見ると、「集団的自衛権なんてとんでもない。戦争のタネに過ぎない」と考えるのも理解できます。この点について、佐瀬先生は、次のように整理しています。

「一口に集団的自衛権といっても、それが持つ意味ないし価値は、その主体が大国であるか小国であるかでまるで違ってくる。それを濫用することのできる立場にない小国の場合には、集団的自衛権は自国の安全にとり重要な命綱となり得るが、同時に下手をすると大国による濫用に泣かされることにもなる。大国はその大国的な『国益』計算のゆえに、集団的自衛権の行使について抑制的であるよりは濫用ぎみ、過剰ぎみに走りやすい。この望ましくない傾向を抑えるには、結局、集団的自衛権の概念およびこれに関連するいくつもの事項をより精密に説明し、なにが『濫用』であるかを判定する基準を明確にしてゆくほかない」

「濫用があるから危ない」と単純に考えるだけでは現実的ではありません。有効な防衛手段を持たない国や、それが破壊されて弱ってしまった国にとっては、集団的自衛権という概念があってこそ守ってもらえるというケースも考えられるからです。

4　日本は「自衛権」をどう考えてきたか

六つの段階

前項の最後に、ニカラグア事件での国際司法裁判所の判決をご紹介しました。そのうちの①に、「慣習国際法上確立している権利である（国連憲章自体がそう証言している）」とあります。つまり集団的自衛権は、国連発足時に明記され、八〇年代に裁判でも確定した権利であるということになります。

そのため、国連加盟国の中で集団的自衛権について「わが国は持っているのか」「持っているとして使えるのか」といった議論をしている国は私の知る限り、日本を除いてはほぼありません。

もちろん、それには敗戦、占領といった経験が大きく関係しています。この項では、戦後、日本において、自衛権というものがどのように考えられてきたのかを見ていきましょう。その解釈は国内や国外の時代状況によって変遷をとげています。それは大きく分けて六つの時期にわかれます。時期を追って見ていきますが、少々細かい話になるので、大まかに現在の状況を知りたいという方は、六三頁まで飛ばしていただいても構いません。

① 「憲法第九条第一項は我が国の自衛権を直接否定していないが、第二項によりこれを行使する手段が物的・法的にないため、侵略に対し自衛権が行使できない」と解釈し、(個別的・集団的)自衛権の行使は否定される、とした憲法制定時期

現在、争点になっているのは、「集団的自衛権行使の可否」ですが、戦後まもなくは、もっと手前の議論がなされていました。敗戦に伴って連合国により武装解除された日本は、まったく武力を持たない状態となりました。そのような中で、新しい憲法を審議する、いわゆる制憲議会が開かれます。一九四六年六月二六日の衆議院本会議で、吉田茂総理は、次のように述べました。

「戦争放棄に関する規定は、直接には自衛権を否定してはいないが、新憲法第九条第二項において一切の軍備と国の交戦権を認めない結果、自衛権の発動としての戦争も、交戦権も放棄した」「近年の戦争は多く自衛権の名において戦われた。日本は好戦国であり、いつまた再軍備をして復讐戦をして世界の平和を脅かさないともわからないと疑われている」「だから、交戦権を進んで放棄し、全世界の平和の基礎を作り、全世界の平和確立に貢献することを、この憲法で表明するのだ」

つまりここで吉田総理は、「個別的自衛権を含む一切の自衛権を放棄した」と言っているのです。これは相当に思い切った考え方で、二日後の六月二八日、共産党の野坂参三議員から、次のような質問がなされました。

「戦争には、他国を征服したり侵略したりする不正の戦争と、侵略された国が自分の国を守るためにする正しい戦争の二種類がある。戦争一般を放棄するのではなく、いかなる侵略戦争も支持せず、参加しない、という条項が適当である」

これに対して、吉田総理は重ねてこう答えています。

「国家正当防衛権による戦争は正当である、ということを認めることが有害である。近年の戦争の多くは国家正当防衛権の名において行われたことは顕著な事実であり、正当防衛権を認めることが戦争を誘発することになるのである」

今から見れば、どちらが共産党でどちらが保守なのか、逆転しているようなやりとりですが、憲法制定前とはいえ、当時の政府が個別的自衛権さえも否定していた、という事実は、あまり知られていません。大きな犠牲を払った国民の厭戦気分や、実際に何の武力も持っていなかったという時代背景が、根底にはあったようです。

自衛権はある

② 「我が国は自衛権を保有するが、米軍駐留によりこれを集団的自衛権として行使する」とした時期

一九五〇年六月、朝鮮戦争が勃発し、日本の治安を守っていた米軍は朝鮮半島に移動し、日本国内に強力な治安維持勢力が存在しなくなってしまうことを回避するために、アメリカの求めに応じる形で同年八月、警察力の不足を補い、治安維持を目的とする警察予備隊が発足します。その後サンフランシスコ講和条約と旧・日米安全保障条約が発効し、日本が独立を回復すると、警察予備隊は国家防衛を任務とする保安隊に移行し

ます。

一九五〇年の「年頭声明」で、マッカーサー元帥は、「日本国憲法は自衛権を否定したものではない」と表明し、これを受けて、吉田総理は同年一月三〇日の参議院本会議でこう述べます。

「いやしくも国家である以上、独立を回復した以上は、自衛権はこれに伴って存するものであり、安全保障なく、自衛権がないかのごとき議論があるが、武力なしといえども自衛権はある」

翌一九五一年には、

「無責任な侵略主義が跳梁する国際現状において、独立と自由を回復したあかつき、軍備なき日本が、他の自由主義国家とともに集団的防衛の方法を講ずるほかないことは当然である」（一〇月一二日）、「国が独立した以上、自衛権は欠くべからざるものであり、当然の権利である。この自衛権発動の結果として、安全保障条約を結ぶのは当然のことである」（一〇月一六日）（※実際の独立は一九五二年）

このように、自衛権そのものは持っているという考えに転じながらも、憲法で禁じられている「戦力」を保持することについては、国家防衛を任務とする保安隊発足にあたっても一貫して否定しています。

「保安隊の装備編成などは、いささかもって戦争なんかの役に立たないのであるから、ただただ内地治安維持の目的にのみ使用されるものであって、軍隊ではない。いわゆる憲法第九条第二項の戦力には該当しない」（木村篤太郎法務総裁　衆議院本会議　一九五二年二月五日）

保安隊の性格付けにはあいまいな点が残るものの、政府として旧・日米安全保障条約を「自衛権発動の結果」とした点は注目に値します。

個別的自衛権だけはある

③「個別的自衛権の行使は認めるが、憲法上交戦権が否認されているため、集団的自衛権は行使できない。集団的自衛権は国際上一般的に確立した観念ではなく、個別の条約がなければ保有・行使できない」として、個別的自衛権と集団的自衛権を分けて考えた時期

一九五四年七月一日、わが国の平和と独立を守り、国の安全を保つことを目的とした

自衛隊が発足します。それに先立って、六月三日衆議院外務委員会で下田武三外務省条約局長が集団的自衛権について答弁をしています。少々長くなりますが、そこでの発言を紹介します。

「日本が攻撃されれば、相手国は日本を助ける、相手国が攻撃されたら日本は相手国を助ける、救援に赴く、という主旨の共同防衛協定を締結することは、現憲法下においては不可能であろう」

「その理由は憲法第九条第二項の『国の交戦権は、これを認めない』にあり、共同防衛を約束しながら、俺の国は交戦権がないからお前の国が攻撃されても交戦権をフルに行使して助けにいくことはできない、ということでは、どの国も共同防衛協定を結ばない。従って交戦権禁止の規定から不可能である」

「自分の国が攻撃されもしないのに、他の締約国が攻撃された場合に、あたかも自分の国が攻撃されたと同様にみなし、自衛の名において行動することは、一般の国際法からただちに出て来る権利ではない。同盟条約なり共同防衛条約なり、特別の条約があって、初めて条約上の権利として生まれて来る権利である。そういう特別な権利を生むための条約を、日本の現憲法下で締結することはできないので、憲法で認められた範囲というものは、日本自身に対する直接の攻撃あるいは急迫した攻撃の危険がない以上は、自衛権の名において発動しえない」

「集団的自衛というのは、まだ一般的に確立した国際上の観念ではない。特別の説明を要して初めてできる観念であり、現憲法のもとにおいてはなし得ない。

国際法上、隣の国が攻撃された場合に自国が立つ、そうすると攻撃国側は、『何だ、俺はお前の国を攻撃しているわけではないのに、なぜ立ってくるのか』と攻撃国側から抗議あるいは報復的措置に出られても仕方のない問題であり、現行国際法上は、特別の取り決めなくして集団的自衛権というものを確立したものとは認めていない。

従って憲法は自衛権に関する何らの規定はないが、自衛権を否定していない以上、一般国際法の認める自衛権は国家の基本的権利であるから、憲法が禁止していない以上、持っていると推定されるが、そのような特別の集団的自衛権までも憲法は禁止していないから持ち得るのだという結論は出し得ない」

ここでの下田局長の論理は、集団的自衛権というのは、国同士が対等に防衛しあうといった取り決めをした場合に行使できる、しかし憲法第九条第二項がある限り、日本がそのような取り決めを他国と結べるはずがない、だから結局日本は集団的自衛権を行使することはできない、というものです。

在日米軍を守ることもできる

④「我が国は憲法上も集団的自衛権を保有するが、他国に赴いてこれを守るという意味では行使できない。そのような能力も持てない。在日米軍を自衛隊が守るということは、集団的自衛権を持ち出すまでもなく、個別的自衛権の行使として説明可能である」とした時期

旧・日米安保条約は一九五一年に締結されましたが、いろいろな問題点が指摘されていました。たとえば、米軍が日本に駐留するのは、あくまでも日本の希望によるものだとされていました。また、在日米軍が日本を守る義務があるかどうかもあやふやでした。一九五七年に発足した岸信介内閣は、その改定を目指します。いまさら言うまでもないでしょうが、岸総理は安倍晋三現総理の祖父にあたります。そして日米安保新条約が結ばれることになりました。この新条約では、米軍の日本防衛義務が明確にされています。

この内閣における集団的自衛権に関する見解は次のようなものでした。

「極東の平和と安全のために出動する米軍と一体をなすような行動をして補給業務をすることは、これは憲法上違反ではないか」（林修三法制局長官答弁　参議院予算委員会一九五九年三月一九日）

「日本の基地におけるアメリカ軍が攻撃された場合には、日本も、日本の領土、領空、領海を侵害されたとの立場によって個別的自衛権を発動する。

これを集団的自衛権と言わない点について一つ申し上げたい（略）。お互いに対等に、たとえば日本が攻撃を受けた場合にはアメリカが出てきて守る、アメリカの本土を攻撃された場合に日本が行ってこれを援助する、こういうような完全なる形が集団的自衛権、国際法上の正当防衛権としての集団的発動である。日本においては、憲法上の制約等もあり、そういうことはできない。

日本としては、集団的自衛権で動くのではなく、日本のアメリカ軍が攻撃された場合には、日本の個別的自衛権の発動として日本の武力を行使することになろう」（赤城宗徳防衛庁長官答弁　衆議院内閣委員会　一九五九年一一月二〇日）

「国連憲章に言っている、いわゆる独立国が個別的また集団的自衛権を有するという国際的な関係において、日本が自由独立国としてこれを国際法上持っていると考えていいのだろう。それを現実に行う上において、日本の憲法を見てみると、外国に出て他国を、締約国であろうとも、その他国を防衛するということは憲法が禁止しており、その意味において、集団的自衛権、集団的な自衛権の最も典型的なものはこれを持たない」

「日本が独立国として国際法上個別並びに集団的自衛権を持っていることはきわめて明瞭な事柄であり、これが憲法違反になるという問題ではない」

「他国に基地を貸して、そして自国のそれと協同して自国を守ることは、当然従来集団的自衛権として解釈されている点であり、そういうものはもちろん日本として持っている」（岸信介総理答弁　参議院予算委員会　一九六〇年三月三一日）

つまり、日本が国外に出て行って、米国と協同して動くことは憲法上問題があるが、在日米軍が攻撃されるといったケースでは自衛隊が出動することは可能であるし、それは個別的自衛権の行使という解釈ができる、というのがこの当時の見解です。

必要最小限論

⑤「我が国は国際法上集団的自衛権を保有するが、自衛権の行使は我が国に対する攻

撃から国民を守るためのものとして初めて容認され、その措置は必要最小限度にとどまるべきもの」としたうえで、「他国に対する武力攻撃を阻止する集団的自衛権の行使は憲法上許されない」と解釈する時期

岸内閣、池田内閣に続いて誕生したのは佐藤栄作内閣です。沖縄が日本に返還された一九七二年、政府は次のような見解を示しています。

「憲法前文なり、憲法第一三条の規定から考えて、日本は自衛のため必要な最小限度の措置をとることは許されている。

最小限度の措置とは、わが国が他国の武力に侵されて、国民がその武力に圧倒されて苦しまなければならないというところまで命じているものではない。国が侵略された場合には国土を守るため、国土、国民を防衛するために必要な措置をとることまでは認められている。その意味で、いわばインディビデュアル・セルフディフェンス（個別的自衛）の作用しか認められてないという説明の仕方である。

憲法第九条に自衛権があるとも、あるいは集団的自衛権がないとも書いていないが、憲法第九条のよって来る所以のところを考えれば、おのずからこの論理の帰結として、

いわゆる集団的自衛の権利は行使できないということになる」（吉國一郎法制局長官答弁　参議院決算委員会　一九七二年九月一四日）

「政府は従来から一貫して、我が国は国際法上いわゆる集団的自衛権を有しているとしても、国権の発動としてこれを行使することは、憲法の容認する自衛の措置の限界を超えるものであって許されないとの立場に立っている。

憲法は、自衛のための措置を無制限に認めているとは解されず、あくまでも国の武力攻撃によって国民の生命、身体、自由及び幸福追求の権利が根底から覆されるという急迫、不正の事態に対処し、国民のこれらの権利を守るための必要やむを得ない措置としてはじめて容認されるものであるから、その措置は右の事態を排除するためとられるべき必要最小限度の範囲にとどまるべきものである」（政府提出資料　一九七二年一〇月一四日を要約）

現在の解釈

⑥「集団的自衛権の行使は憲法に定められた自衛の範囲を超えるので、全く使えない。我が国は国際法上集団的自衛権を保有するが、憲法上その行使は許されない」とする

時期（これが今日まで続く政府の解釈。憲法上の集団的自衛権の保有については明言せず）

この見解が出されたのは、一九八一年、鈴木善幸内閣においてです。

「我が国が国際法上、集団的自衛権を有していることは、主権国家である以上、当然であるが、憲法第九条の下において許容されている自衛権の行使は、我が国を防衛するため必要最小限度の範囲にとどまるべきものであると解しており、集団的自衛権を行使することは、その範囲を超えるものであって、憲法上許されないと解している」（一九八一年五月二九日政府答弁書）

「外国に対する武力攻撃がたとえば間接的にわが国の安全を害するというような場合に、間接にわが国の安全が害されるようなときにもわが国は自衛権を行使することはできない。そういうものは当然集団的自衛権の範囲として行使しなければならず、わが国としてはそういうものは行使できない」（角田礼次郎法制局長官答弁　衆議院法務委員会一九八一年六月三日）

これがよく言うところの「保有しているが行使できない」という今日の日本国の公式

な解釈です。

戦後から現在までの政府答弁を中心に、自衛権についての解釈の変遷を見てきました。ごく大ざっぱにいえば、戦後すぐには自分たちで国を守るということすら否定していたものの、少しずつ自衛権を持つという立場になっていった。その合間で、米軍の駐留を集団的自衛権の行使と捉える時代を挟み、個別的自衛権の保有・行使は認めるが、集団的自衛権に関しては「持ってはいても使えない」という立場に行きついた、ということになります。

もちろん、このような解釈には時代の影響もあるでしょうし、さまざまな議論の積み重ねによるものですから、軽々しく扱うべきではないでしょう。しかし、それが絶対的な真理であれば、そもそも今日のような議論は成立しませんし、この本の意味もないことになってしまいます。

そこで次項では、「行使はできない」という主張の根拠について検討をしていきます。

5 「行使はできない」の根拠を疑う

交戦権の問題

これまで、「集団的自衛権は行使できない」という主張はさまざまな形でなされてきました。そのいくつかの主張について、検討してみましょう。

まず、前項でもご紹介した下田武三外務省条約局長の衆議院における答弁（一九五四年六月三日）では、憲法第九条第二項を根拠としています。第二項には「国の交戦権は、これを認めない」とあります。

下田局長は、これをもとに「交戦権がない国とは、どの国も共同防衛協定を結ばない。従って（集団的自衛権の行使は）不可能である」と述べています。

まず注意すべきは、この見解が出された時代背景です。この一九五四年は、保安隊を改組して、国家の防衛を主たる任務とする自衛隊が発足した年であり、自衛隊法・防衛庁設置法の審議が国会において大詰めの段階となっていた時期です。

それまでの「個別的自衛権も認められない」「自衛権の行使は日米安保条約に基づく米軍による集団的自衛権の行使をもって行う」としていた立場からの大転換ともいうべき時期であり、国会において侃々諤々《かんかんがくがく》の大論争が展開されたことは想像に難くありません。「集団的自衛権は行使しないが、せめて個別的自衛権の行使だけは認めてほしい」というのが、当時の政府の考えではなかったでしょうか。そういう時期に、官僚がこのように述べたことも、決して不思議ではありません。

ここで集団的自衛権行使の否定の根拠として用いられている「交戦権の否定」とは、どのようなことなのでしょうか。この答弁がなされたのと同年に、政府は次のように説明しています。

「交戦権そのものというものは、交戦者としての権利、最も典型的なものとしては敵性船舶の拿捕とか、占領地の行政権とかいうことが憲法制定当時から答弁に出ているわけだが……自衛権というものは……国の基本的生存維持の権利であって、……すなわち急迫不正の侵害に対してそれを排除するに必要やむを得ない限度の実力行使は、自衛権と

して当然許される」(佐藤達夫法制局長官答弁　参議院内閣委員会　一九五四年五月二五日)

つまり、何でもかんでも交戦権の行使は否定されているのだから駄目、というわけではなく、交戦権のいくつもの内容のうち、外国からの武力攻撃を排除するための自衛権に伴うものは、その行使が当然に認められている、と言っているのです。

しかし、下田局長は「交戦権を否定しているのだから、どの国も共同防衛協定を結んでくれないので、集団的自衛権は行使できない」と言っているのであり、集団的自衛権の行使にあたって共同防衛条約を結ぶことは必ずしも必要とされないことを考えると、これは相当に苦しい論理展開のように思われます。また、下田局長は「集団的自衛権はまだ一般的に確立した国際上の観念ではなく、特別の説明を要して初めてできる観念であり、現憲法のもとにおいてはなしえない」とも述べています。

下田局長がこう述べた段階では、確かにまだ集団的自衛権という言葉自体が目新しいものでした。しかし、そうは言っても、国連憲章第五一条で「固有の権利」と言っている意味は重いと考えた方がいいでしょう。また、その後、ニカラグア事件の国際司法裁判所判決においても集団的自衛権は、「いずれの国もが有する固有の権利」とされています。ですから、現代においてこの主張はあまり意味を持たないように思えます。

国際紛争に関する奇妙な見解

憲法第九条第一項「武力の行使は、国際紛争を解決する手段としては、永久にこれを放棄する」という部分を根拠にした主張をする人もいます。高辻正己元法制局長官（一九六四〜一九七二年）は、退任後に書いた回顧録で、次のような主張をしています。

日本と利害を一致するA国が、B国に武力攻撃を受けて侵略されたとする。その際にA国を防衛するために集団的自衛権を行使して、B国を攻める。これはA国とB国との間の「武力衝突にちなむ国際紛争を解決する手段に仕えるもの以外のなにものでもない」

さらに、そのB国に対してA国への武力攻撃の停止を求めることについて「我が国とその第三国（B国）との間に国際紛争のあることが、必然の前提として存在し、したがって、集団的自衛権の行使は、そのような国際紛争を第三国の意思を圧服することによって解消させるため武力に訴えるもの、すなわち我が国が、その第三国に対して武力攻撃を仕掛けるもの、というほかはない。（中略）

我が憲法九条一項のもとでは、武力攻撃を受けた国がたとえ我が国と連帯関係にあって、その他国の命運が我が国の命運に深くかかわるというのであっても、その他国のために我が国が集団的自衛権を行使することは認められないということにならざるを得ない」(『内閣法制局の回想』)。

この主張の問題点は、B国のA国に対する侵略行為に対して、日本が「侵略は止めろ」と言い、それに対してB国が応じない、といった状態を「国際紛争」だと捉えている点です。普通に考えて、これは国際紛争といったものではありません。すでに侵略戦争を開始しているB国が、停戦の呼びかけを一方的に拒否している。そのような状態を国際紛争と捉えるのには無理があるのではないでしょうか。

そもそも、「国際紛争を解決する手段としての武力行使の禁止」は、日本だけではなく不戦条約などによって広く世界各国に課せられています。仮に高辻氏の主張通りだとすると、侵略戦争をしかけた国に対して、周辺国が「戦争は止めよ」と言い、侵略国がそれを拒否する、という状態になった場合に「国際紛争」が発生したことになります。ということは、まともな国ほどそこに武力介入できなくなり、侵略国のやりたい放題というおかしな状況を招いてしまいます。

「行使できない権利」とは

細かい議論はいったん置いて、多くの人が疑問に思うのは「持っているけれども使えない権利」などというものが本当に存在するのだろうか、ということではないでしょうか。個人に置き換えてみましょう。

あなたがＪＲの指定券を持って、指定された席に座っていたとします。その席に座るのは当然指定券を買ったあなたの権利であり、その権利の行使として実際そこに座っています。そこへ突然誰かがやってきて、「ここに座っているのはたしかに君の権利だが、しかし座ることはできないのだ。私に席を譲りなさい」と言われたとしたら、いったい何が何だか分からなくなりはしないでしょうか。

あるいは「君は憲法第一三条で保障された幸福追求権を持っているが、幸福を追求することはできないのだ」と言われたとしたら、どう思うでしょうか。

この点について、佐瀬先生は次のように述べています。

「『権利』と『行使』は不可分と見られている。

その証拠が国連憲章第五一条である。そこには、『この憲章のいかなる規定も、……個別的又は集団的自衛の固有の権利を害するものではない』とある。『固有の権利の行使を害するものではない』とは書かれていない。誰もがこの規定下で『権利の行使は認められている』と理解している。誰もが常識で『権利』と『行使』は不可分だと理解しているからである」

これが普通の考えなのではないでしょうか。

憲法改正か解釈変更か

「集団的自衛権の行使を可能とすべきである」との考えを持つ人々の中にも、「ではどのようにしてそれを可能とするのか」をめぐって、いくつかの見解があります。大きく分ければ、「行使を可能とするためには憲法改正が必要」という立場と「憲法を改正しなくても行使は可能」という立場の二つです。

前者の立場を採られる山崎拓元自民党副総裁は、次のように主張しておられます。

「憲法の解釈をそう簡単に変えていいのか。最高裁の判断によって憲法のあり方を判断することはあり得る。しかし、内閣が憲法の文言のもつ意味はこうであると解釈するのは、三権分立の立場からおかしいのではないか。

本来憲法の解釈を変えるのは最高裁だが、最高裁はしばしばその判断を放棄してきた。それならば国民の代表者である立法府（国会）で判断したほうがいいのではないか」（「じゅん刊　世界と日本」二〇〇一年一〇月一五日号）

後者の論者には、安倍晋三現首相や中曽根康弘元首相、宮沢喜一元首相、前原誠司元民主党代表等がいます。安倍首相は、最初に首相になるよりも前の時点で「私は政府の解釈を変えるべきだと思っている」と述べています（「ＳＡＰＩＯ」二〇〇四年一月二一・二月四日号）。

中曽根元首相は、長年この問題について発言をしておられます。過去の内閣法制局の解釈について批判したうえで、「集団的自衛権の行使を可能とする以上は、行使の対応を法律で決めるべきである。その行使を時の政府が自由にできるものではなく、内閣が決める、国会に報告を要する、国会の承認が必要等、段階を設けたものを法律で決めるべきだ」と提言しています。

前原氏の主張は次のようなものでした。

「今すぐに集団的自衛権の憲法解釈を変更し、法に基づいて、物資や要員の輸送・補給、捜索・救難活動、対潜哨戒活動などを通じての情報提供、あるいは機雷除去などの後方支援活動が行えるようにするべきである」（「VOICE」二〇〇一年一一月号）。

私の考え

ここで私自身の考えを改めて述べておきます。私は、後者の立場、すなわち憲法を改正せずとも行使は可能だと考えています。「集団的自衛権を行使可能とするためには憲法の改正が必要」という立場は、理論上、「現在の内閣法制局の解釈は正当である」という前提に立っており、「だから憲法そのものを変えなければならない」となるわけです。内閣法制局自体も、「憲法解釈を変更するには憲法を改正する他ない」という立場に立っています。

しかし、すでに見たように、政府の解釈自体、これまでに変遷を遂げています。憲法第九条について、戦後すぐには「個別的自衛権すら行使しない」と述べていました。現在、「憲法第九条があるから、日本には自衛権もない」などと言う人は、さすがにほとんどいないでしょう。

もともと、自衛権を認めた時点で、集団的自衛権も認めたとするのが国際法上は常識的な解釈です。しかしながら、「憲法上行使できない」としたのは、法的な論理の帰結によるものというよりは、当時の政治状況などに左右された面があると考えられます。そしてまた、集団的自衛権を「国際法上保有している」と言及しつつ、「憲法上」保有しているかどうかについて、内閣法制局は議論を避けてきました。

改めて現行の「我が国は集団的自衛権を国際法上保有しているが、憲法上行使できない」という解釈を見てみましょう。

政府の見解は次のようなものです。

「我が国が国際法上、集団的自衛権を有していることは、主権国家である以上、当然であるが、憲法第九条の下において許容されている自衛権の行使は、我が国を防衛するため必要最小限度の範囲にとどまるべきものであると解しており、集団的自衛権を行使することは、その範囲を超えるものであって、憲法上許されないと解している」（一九八一年　政府答弁書・六四頁参照）

一読しただけではなんだかよく分からない文章ですが、とにかく日本が集団的自衛権を持っていること自体は、主権国家である以上当然のこととして認めた上で、憲法の制約からこれを行使することができない、と言っているように読めます。

しかしここでは、「我が国は集団的自衛権を憲法上有しているか否か」という点が省かれています。

「憲法上保有もしていないし、憲法上行使できない」と言えばそれなりに意味は通るのですが、そもそも保有していない権利を行使できるはずもないのですから、「我が国は国際法上集団的自衛権を保有しているが、憲法上これを保有していないので、当然行使することはできない」と言ってしまえばいいことです。しかし、「国際法上、主権国家として有している集団的自衛権を、憲法上は保有していない」と言ってしまえば、「我が国の憲法は我が国を主権国家として認めていないのか」という疑問すら提起されかねません。さすがにこれではまずい、と法制局も思ったのではないでしょうか。

さりとて、「我が国は憲法上、集団的自衛権を保有しているが、憲法上これを行使することはできない」というのでは、これはもはや日本語として成り立ちません。

それで結局、「憲法上保有しているのか」という論点を回避したまま、この答弁書は作成されたのではないか、と思われます。

集団的自衛権を行使することが、なぜ直ちに我が国防衛のための必要最小限度を超えることになるのか、その論理的な説明も、ここには全くありません。

日本と密接な関係にある隣国が、某侵略国の攻撃を受けて劣勢にあり、そこで日本が集団的自衛権を行使して、隣国とともに戦って侵略を排除しなければ、次は日本に対する攻撃が避けられない、という場合において、それでも集団的自衛権を行使しないということがどうして我が国の平和と安全に寄与することになるのか、私にはどうしてもわかりません。

このあたりは、政府にも相当の混乱があるようで、「集団的自衛権は憲法によって行使できないのだから、国内法上は持っていないと言っても結論的には同じだ」「国際法上持っていると言ったのは、日本が主権国家であることを世界に宣明するという意味がある」と答弁してみたり、「必要最小限度の範囲内であれば集団的自衛権の行使も可能なのか」という議員の質問に対して「必要最小限度の範囲を超えるような集団的自衛権というものはあり得ない」と答弁してしまったりしています（政府の立場からすれば、「必要最小限度を超えない集団的自衛権はあり得ない」とすべきところです）。

「我が国は集団的自衛権を国際法上保有しているし、憲法上も保有している。憲法上行使もできるが、政策判断としてこれを行使しない」と政府が言ってしまえばすっきりしたものを、行使しない根拠を憲法解釈に求め、ましてや「憲法上行使できない」としてしまったところに、そもそもの混乱の始まりがあったのではないでしょうか。

自衛隊の発足や日米安保の改定等の重要課題をなんとしても乗り越えたかった歴代の政府の立場からすれば、権威ある憲法解釈によって解決したかった事情は十分すぎるほど理解できますが、憲法にその根拠を求めてしまったこと自体が誤りではなかったのでしょうか。

憲法第九条のどこを読んでも、「集団的自衛権は行使できない」という論理的な根拠を見出すことはできません。

そもそも解釈が誤っている、いない、という論争ではなく、これは政策判断であったのだとすれば、なにも憲法を改正しなくても行使は可能となるはずだ、と私は考えています。

次項では、集団的自衛権行使を不可とする論理について検証を加えてみましょう。

6　日本政府の解釈は妥当だったのか

日本独自の定義

「集団的自衛権」という言葉の定義については、すでに本章の2でも述べましたが、実はそこで触れていなかった問題があります。前述したのは、主に国際的な定義についてであって、日本政府の定義は少し別だということです。その問題を少し見ていきましょう。まず、国際的な定義とはどのようなものか。これについては、専門家の論文を引用しながら説明いたします。

佐瀬先生は、国際的な定義として、『国際連合――法、政治、実践』（リュディガー・ヴォルフラム編纂）という本から、次の定義を紹介しています。

「自衛の範囲内において、自分自身は攻撃されていない国家が犠牲国の同意を得てその犠牲国を支援する権利」

また、吉原恒雄元拓殖大学教授は、『「集団的自衛権行使違憲論」批判――有権解釈の矛盾と変更の必要性』の中で次の文献から引用しています。

「武力攻撃を受けた国と密接な関係にある国が、その密接な関係ゆえに、その攻撃が自国に対するものと認められた場合に、攻撃を加えた国に反撃を行うことができる権利」(“International Law” 7th ed.Vol.2 L. Oppenheim - H. Lauterpacht)

また、田畑茂二郎元京都大学教授は、次のように定義しています。

「自国が直接攻撃をうけなくても、自国と連帯関係の他国が攻撃をうけた場合には、それを自国自身に対する攻撃とみなし、反撃することができる権利」(『国際法講義(下)』新版)

一方で、日本政府は一九八一年の答弁書で次のように定義を述べています。

「自国と密接な関係にある外国に対する武力攻撃を、自国が直接攻撃されていないにもかかわらず、実力をもって阻止する権利」

言葉遣いは違いますが、国際的な定義と田畑氏の定義に実はあまり違いはありません。ところが、日本政府の定義は、ちょっと違う印象を与える文章です。その差はどこにあるのでしょう。

まず、日本政府の解釈には「(攻撃された国と)自国との間に、密接な関係があるので、その攻撃を自国に対するものとみなす」という部分がありません。その代わりに「自国が直接攻撃されていないにもかかわらず」という一節があります。「〜にもかかわらず」という表現には、どこかネガティヴな響きがあります。結果として、「自分には関係ないことなのに、しゃしゃり出る」という印象を与えることになっているのではないでしょうか。客観的に見て、本来の集団的自衛権が持っている趣旨が排除されているといってもいいかと思います。

なぜこのような表現になったのか。これはわが国の自衛権発動としての武力行使の要件と関係しています。日本では武力行使を許容する際に三つの要件を挙げており、その第一が「わが国に対する急迫不正の侵害があること」です。日本政府はこの「急迫不正の侵害」を「わが国に対するもののみを対象とする」としてきました。

しかし、「わが国に対する侵害のみ」と断言してしまうと、いかに攻撃された国の安全や独立が日本にとっても重要なものであっても、自衛権を発動することはできません。そのため、国際的な定義とは異なる、「〜にもかかわらず」という表現を採ったと考えられます。

想定の義務

この、憲法第九条の下において認められる自衛権の発動としての武力の行使のための三要件とは、

① わが国に対する急迫不正の侵害があること
② この場合にこれを排除するために他に適当な手段がないこと
③ 必要最小限度の実力行使にとどまるべきこと

です。

憲法第九条第一項は、

「……武力の行使は、国際紛争を解決する手段としては、永久にこれを放棄する」

と定めています。この一文はこうも解釈できます。

「国際紛争解決の手段ではない武力の行使は放棄しない」

つまり自衛のための武力行使は、国際紛争の解決とは区別できる、とも考えられます。

ところが、この「国際紛争解決の手段ではない武力の行使」とは何かについて、わが国では正面から議論を突き詰めてきませんでした。

だから、とんでもなく乱暴な国家が出現して、平和の破壊をしていると認定され、それに対して正規の国連軍が集団安全保障として制裁を行う、といったケースにおいても「武力行使を伴うものであるならば、自衛隊の参加は許されない」（一九八〇年一〇月二八日答弁書）としています。もしもそういう事態が起きたとして、どうするかは「研究中」と答えるにとどまっていたのです。要するに「国連軍」への参加は不可能ということになる。つまり、現実に世界を敵に回すような「悪者」が出てきた場合でも、日本の自衛隊はそれと戦うための活動はできない、ということです。

このような話に対して、「そんな映画に出て来るような悪者がどこにいるのか」と冷笑的な立場で意見を言う人もいることでしょう。もちろん、今、この時点で「いる」と断言はできません。しかし、あらゆるケースを考えておく義務が国家にはある、と私は考えます。

避けられた論点

「集団的自衛権の行使不可」という主張にせよ、「国連軍への参加は不可」という主張にせよ、政府はその根拠として「国際紛争解決のための手段に当たるから違憲である」とはこれまで明言していません。むしろ意図的にその論点を避けて、「自衛権は必要最小限度しか行使できない」という一つの解釈のみを根拠としています。

ここでの政府の論理は、

①「必要最小限度の武力の行使」とは「わが国を守ること」である

②「わが国を守ること」とは「わが国の領土・領海・領空に対する武力攻撃が行われた場合に限り反撃すること」である

③「わが国の領土・領海・領空に対する武力攻撃が行われた場合に限り反撃すること」

とは「個別的自衛権」である

④　従って、わが国が行使できる武力の行使とは、個別的自衛権の行使のことであるというものです。

個別的自衛権の行使が可能であるのは、独立国としては当然のことです。その根拠は国家の属性としての生存権に求められます。しかし、「個別的自衛権の行使ができる」ということと、「それ以外はできない」ということはまったく別の話です。憲法には、集団的自衛権を否定する直接的な表現はありません。「国際紛争を解決する手段としての武力の放棄」がそのまま集団的自衛権の否定にならないことは先に述べた通りです。

正当防衛との関係

ここで、個人の身を守る権利と比較して考えてみます。本来、他人を殴ることは違法ですが、正当防衛の場合は違法とされません（違法性が阻却される、と言います）。なぜ違法ではないかといえば、自分を守ることは「自然権」として認められているうえ、公の力の発動には時間的なずれ、すなわち「間《ま》」があるのが一般的で、目の前にある危険に対しては、その「間」を埋める手段が認められていなければならない、と考えられるからです。警察官がたまたまその場に居合わせて守ってくれれば自ら手出しする必要はありませんが、普通は警察官が駆けつけるまでには「間」があります。その「間」を埋めるため、自ら手を下す行為を認めようということです。

他人の身を守るということに関しても、ある程度、通常ならば違法とされることが許されます。たとえば目の前の友人が、ヤクザにからまれてボコボコに殴られている。あなたが「止めろ」といくら言ってもヤクザは聞き入れない。こういう時には、ヤクザに対して殴りかかっても許されます。友人を守るという理由がきちんとあるからです。

しかし、もしも単に街を歩いているヤクザを発見して、「こいつはヤクザだから」という理由で殴りかかったら、違法になります。殴りかかったあなたのほうが無法者です。この場合は、違法性を阻却する理由が見当たらないからです。

また、ヤクザに攻撃されて防戦している最中に警察官が駆けつけ、ヤクザを止めようとしているのに、その後もあなたがヤクザを攻撃し続けたら、これも違法とされる場合が多いでしょう。この場合も、あくまでも「間」を埋める行為として、相手を殴ることが認められるわけです。

友人の身を守るためにヤクザを殴る権利、すなわち「他人の権利に対する防衛」は個人の自然権ではありません。それでも違法とされないのは、こうした行為が、「『間』を埋めて社会の秩序を保つのに役立つ」と考えられるからです。

　これは、国連憲章下の国際社会においても同様です。国連には、何かあればすぐにかけつける、警察のような国連軍というものが常に存在しているわけではありません。また、安全保障理事会常任理事国が拒否権を行使すると、国連はなかなか機能しません。侵略された国がきちんと自国だけで防衛できない場合、他国がまったく手出しできないとなると、侵略された国はやられ放題、ということにもなりかねません。

　そのような場合を想定して作られた憲章第五一条によって、「集団的自衛権」が認められ、国際慣習法化しているのは、ここまでに見たとおりです。

　国内法と国際法とでは、「『間』を埋める」という点では共通しています。一方で、国際法では「秩序の維持」ということよりも「自国の安全確保の実効性」に重きが置かれていると言えます。「あの国の侵略は許せない。これでは国際秩序が乱れてしまう」といった正義感や義侠心ではなく、「あの国の侵略は脅威だ。このままではわが国も危ない」といった現実的な理由が、他国を守るための理由となりやすいということです。つまり自国にとっての集団的自衛権行使の必要性は、より切実であると考えられます。

友人がヤクザにボコボコにされているのを離れた場所で発見した場合は、そこからケータイで警察に通報して、様子を見るのも選択肢の一つでしょう。しかし、友人と自分がヤクザに袋小路に追い詰められ、まずは友人がやられている。このままだと次は自分がやられるのが必至、という状況ならば、自ら戦う必要性が高くなると考えられます。国際法における集団的自衛権の行使というのは後者のような場合です（あくまでもわかりやすくするための喩えなので、いささか大まかなのはご容赦ください）。

いずれにせよ、国際法上は、「他国に対する攻撃」が「自国にとって死活的に重要」である場合には、「自国に対する攻撃」とみなして反撃することは、集団的自衛権の行使として認められます。つまり違法とはされません。逆に言えば、「他国に対する攻撃」が「自国にとって死活的に重要」ではないのに、「自国に対する攻撃」とみなして武力行使をした場合には、違法だとされます。これはニカラグア事件の例で見た通りです。

さて、ここで日本政府の解釈に戻ります。従来、政府は「集団的自衛権の行使」とは「憲法で禁じられた武力の行使」であるとしてきました。しかし、この考え方は、国際法（国連憲章）で認めた「違法とはされない武力行使」を放棄していることに他なりません。なぜこのようになるかといえば、「必要最小限度」を「日本の領土・領空・領海への攻撃への反撃」と限定してしまったからです。

しかし、本来、集団的自衛権を行使して良いかどうかの判断は「日本の領土・領空・領海への攻撃か」を基準にすべきではなく、攻撃国の行為が「日本に対する攻撃と同じだと見なすことができるか」を基準にすべきなのです。その基準をとことん考えることこそが、武力の行使すべてを「国際紛争の解決手段」としないことにもつながるのではないでしょうか。

「武力行使との一体化論」について

「武力行使との一体化論」というものがあります。たとえば、アメリカがどこかで戦争をしている場合、日本が何らかの支援をすれば、アメリカ軍との武力行使と一体化しているのと同じだ、という論理です。集団的自衛権の行使を問題視する人は、次のように主張します。

「アメリカの戦争に加担して武力行使と一体化しているということは、日本は武力を行使しているのと同じである。それは集団的自衛権の行使だから、許されない」

これに対して、政府は次のような説明をしています。

「直接に武力の行使をするのはもちろん許されない。それから、他のものがやっている、けれどもそれに対して協力をする、その協力をすることが、……まさに武力の行使と客観的にみられる……これは憲法の目から見て許されない」

「そういう戦闘行為のところから一線を画されるようなところで、……医薬品や食料品を輸送するようなことは問題はなかろう」（ともに工藤敦夫法制局長官答弁　衆議院国連特別委員会　一九九〇年一〇月二九日）

この説明は、一見、平和的なことを説いているようにも見えます。武器を戦地に輸送することは許されないが、戦地から遠く離れた場所にいる軍隊に、物資を輸送するくらいならば問題ない。確かにそのくらいのことならば、日本側に危険も無さそうです。

しかし、よく考えてみると、この通りであれば、侵略戦争を行っていることが明らかな国に対して食料を渡しても構わない、とも解釈できます。それは確かに武力の行使ではないのでしょうが、果たして国際法上、また憲法上許されることなのでしょうか。

問題は、「武力行使と一体化するかどうか」ではなく、「どのような武力行使と一体化するか」のはずです。戦闘が行われている場所といかに離れていようとも、支援する相手の国が「国際紛争を解決する手段として」武力を行使していれば、これに対する支援は憲法上認められません。また、相手国への攻撃がわが国にとって死活的に重要でないならば、国連憲章上認められる集団的自衛権行使にはならないと考えるのが、国際的な一般の考え方です。この場合、「距離が近いかどうか」とか「支援の内容が何か」といったことは関係ありません。

この項で見たように、何十年も変更されてこなかった政府の解釈ですが、それについてどこまで正面から考え、法的、論理的な検証をしたのかといえば、はなはだ疑問です。また、既に述べたように、法律の解釈は絶対に変わらない、変えてはいけないというものではありません。

憲法第二五条で保障されている「健康で文化的な最低限度の生活」の基準も、時代と共に変わります。かつては「生活保護を受けている家庭がクーラーを持つことは認められない」となっていましたが、現在はそのようなことはありません。

すでに解釈が出ているから、それ以上は考えないで良い、というのは思考停止の典型です。そのような思考法が、「想定外」の事態において役に立たないことはご存知の通りです。

7 「行使可能」でどうなるか

どこまで線引きをするのか

集団的自衛権の行使について、政府は「保有しているが行使できない」という立場でこの数十年通してきました。その結果として、行われていない、あるいは行うことが予定されていないことがあります。しかし、これもよく検討すると、そもそも集団的自衛権とは本来関係のないものまで「行使にあたる可能性がある」として行わなかったこともあります。要は議論が整理されていないのです。

今後、行使について考えていくうえで、何が集団的自衛権にあたり、何があたらないのかということを見直していくのは重要なことです。本項では、具体的な八つのケースをもとに、それと集団的自衛権との関係について考えていきます。現在の政府解釈をもとにした場合にそれぞれが集団的自衛権の行使にあたるかどうか、ご自身でも考えたうえで解説をお読みください。

テロリストは国際紛争を起こせない

【ケース①】イラクに展開する自衛隊が活動する地域において、治安維持任務にあたっているオランダ軍やイギリス軍が攻撃された。自衛隊が彼らを支援することは、集団的自衛権の行使にあたる。したがって自衛隊は支援できない。

①の答えは×です。この場合、自衛隊が支援しないとしても、それは集団的自衛権とは関係ありません。この問題については、私が防衛庁長官だった時に、実際に国会で議論が行われ、次のように述べました。

「例えばイラクにおいてどの国も自衛権を行使しているわけではなく、集団的自衛権の行使という概念そのものが成り立たない」（二〇〇四年八月四日　衆議院テロ対策特別委員会）

当時、イラクに各国軍隊が展開していたのは、自衛権を行使するためではありません。

国連安保理決議一四八三号に基づく集団安全保障措置の一環としての活動でした。わが国が集団的自衛権を行使する際の前提となる他国の自衛権行使がそもそもそこにおいて行われていない以上、集団的自衛権の問題とは無関係です。

オランダ軍やイギリス軍を攻撃しているのが何者かということも判断の材料になるでしょう。憲法第九条第一項の「国際紛争」とは、「国家又は国家に準ずる組織の間で特定の問題について意見を異にし、互いに自己の意見を主張して譲らず、対立している状態をいう」（二〇〇二年二月五日　政府答弁書）と定義されており、攻撃を加えてきた相手方がテロリストやテロ集団の場合（当時のイラクではその可能性が大きい）、それらは国または国に準ずる組織だとは言えません。ということは、彼らは「国際紛争」を起こすことはできないので、「国際紛争を解決するための武力の行使」ということとは関係がないことになります。このように、「国際紛争を解決するための武力の行使」が行われることがない、ということであれば、治安維持にあたる他国の軍隊を支援するか否かは政策的な判断によるものであり、場合によっては可能です。

【ケース②】テロ特措法に基づきインド洋において補給活動を行っている海上自衛隊の

艦船が給油する他国軍艦が攻撃された。しかし海上自衛隊はこの軍艦を守ることはできない。なぜなら集団的自衛権の行使にあたるからである。

②の答えは△です。この点に関しての明確な答弁は見当たりませんが、武器の使用が可能なのは、わが国の艦船自体が攻撃を受けた場合の武器等防護であって、こういうケースに対応はできません。

ただし、攻撃が自衛隊の艦船に対するものだと考えられる場合には、個別的自衛権による対応もあり得るという考え方になるでしょう。仮に攻撃された軍艦のすぐそばに自衛隊の艦船があり、「次はこっちだ」という場合にも相手艦への攻撃が可能だ、ということを言う人もいます。

また、インド洋に展開している各国軍隊が何に基づいて行動しているかによって違いがあります。当初、米軍は個別的自衛権、NATOは集団的自衛権に基づいて行動していました。ですからこの時点では、彼らを守るために行動することは集団的自衛権の行使にあたるでしょう。しかしその後、国連決議に基づく集団安全保障に性格が変わったので、それ以降であれば集団的自衛権とは無関係、ということになります。また、相手が「国またはこれに準ずる組織」であれば、その武力行使は「国際紛争を解決する手段」とされる可能性が高いのでできませんが、この議論は集団的自衛権とは直接関係はありません。

【ケース③】外国との合同演習、共同訓練は、集団的自衛権に該当するので行うことができない。

③の答えは△です。集団的自衛権の行使を明らかに前提とした訓練はできない、と政府答弁にはあります。しかし、一方で一般的な多国間の共同訓練を禁止しているわけではありません。たとえ集団的自衛権の行使を前提としていても、訓練なのだから「武力の行使」にはあたらない、という学説もありますが、実際には米軍以外の国を含む訓練では、自衛隊は「敵役」かオブザーバーであることが多いのが現状です。

情報提供

【ケース④】自衛隊がレーダーによって得た情報を米軍に提供することは、集団的自衛権の行使にあたるから許されない。

④の答えは×です。集団的自衛権は「実力」の行使を中核とする概念で、わが国の防衛のために収集した情報を提供することとは別だと考えられます。

むしろ、「武力行使との一体化」の観点から、次のような答弁があります。

「特定の国の武力行使を直接支援することのみを目的として、ある目標に方位何度何分、角度何度で撃てというような行為を行うことについては、憲法上問題を生ずる可能性がある」（衆議院ガイドライン特別委員会　一九九九年四月二六日　野呂田芳成防衛庁長官答弁）

これは理屈としてはわかりますが、この通りだと、ある意味で具体的で差し迫った情報であるほど提供しづらいというおかしな事態も想定されます。

ミサイル防衛における日米間の情報共有は、集団的自衛権の問題とされることはないと考えられますが、それでもこの点についてはもう少し問題を整理したほうがいいように思えます。

ミサイル迎撃は不可

【ケース⑤】上昇段階のミサイルの迎撃は、集団的自衛権の行使にあたるから行うことはできない。

⑤の答えは○です。つまり集団的自衛権行使と考えられるため、迎撃はできません。

ミサイルの迎撃については、

「相当の根拠があって、わが国を標的として飛来する蓋然性がかなり高いと認められるときには、わが国に対する武力攻撃の発生というふうに判断して、自衛権発動によりこれを迎撃することも許される」（参議院外交防衛委員会　二〇〇三年四月二二日　宮崎礼壹政府参考人答弁）

という答弁があります。これは裏返せば、「攻撃目標が不明で、わが国に飛んでくる可能性が高くない場合に迎撃することは、集団的自衛権の行使にあたるのでできない」ということになるのです。

【ケース⑥】アメリカに向けて飛翔するミサイルを迎撃することは、集団的自衛権の行使にあたり、行うことができない。

⑥はケース⑤のバリエーションと言えます。答えは○です。

この件に関連しては、小泉純一郎総理（当時）が以下のように答弁しています。

「他国に向けて飛行する弾道ミサイルは、飛行の方角や高度の違いによって区別することが可能であり、これらについて対処することは考えておりません」（参議院本会議二〇〇五年三月一八日）

「アメリカに飛んでいく北朝鮮のミサイルを日本は集団的自衛権の制約があるから落とすことができない」という問題はよく議論されます。この件について、集団的自衛権の行使に反対する立場の人から、「そもそも日本上空をミサイルが飛んでいること自体が危機なのだから、個別的自衛権に基づいて迎撃などの対応をすることは可能だ」といった意見が出ます。しかし、実際には発射されてすぐの上昇段階にある時点で「このミサイルは日本に来る可能性が高い」などと判断するのは困難です。

また、「上昇段階にあるミサイルを迎撃できるシステムが存在しないから無意味な議論だ」という人もいます。しかし、それはあくまでも技術的な問題であり、将来的に可ないでしょうか。

能となることも予想されます。技術が完成してから法的な議論をしていては遅いのでは

食糧補給と武器補給

【ケース⑦】周辺事態法において後方地域支援として提供する物品などの中から、「武器・弾薬の補給・提供」「戦闘作戦行動のため発進準備中の航空機に対する給油・整備」が除外されているのは、集団的自衛権の行使にあたるからである。

⑦の答えは△です。なぜ△かというと、明確な判断を示していないからです。周辺事態法成立直前の国会では、次のような答弁がされました。

「周辺事態における米軍に対する武器弾薬の補給・提供や発進準備中の航空機に対する給油・整備は『そのニーズがない』ため判断する必要がない。仮にニーズがある場合は、絶対に不可であるとの断定はしていないが、憲法上の適否について、慎重な検討を要する問題である」（衆議院予算委員会　一九九九年一月二八日　大森政輔法制局長官答弁の大意）

要するに「今の時点ではそういうことはないから判断する必要はない。判断する必要がある場合には、憲法上問題があるかないかを慎重に検討しなくてはいけない」ということです。

この問題については、本章の6でも触れましたが、そもそも補給の内容自体は武器であろうが食糧であろうが、同じことです。しかし、現在の解釈では仮に「ニーズがある」場合に武器・弾薬を補給したり、航空機に給油・整備したりすることは「武力の行使と一体化する」とされて、行えない可能性があります。

【ケース⑧】周辺事態において、わが国周辺の公海上で活動しているアメリカ軍の艦艇が攻撃を受けたとしても、自衛隊が守ることはできない。それは集団的自衛権の行使にあたるからである。

⑧の答えは○です。

仮に日本がどこかの国に攻撃されていて、それを守るために行動をしているアメリカ軍の艦艇への攻撃に対抗する場合は、個別的自衛権の行使として認められると解釈されます。しかし、周辺事態という場合はまだわが国への直接の武力攻撃はありません。ということは、わが国は個別的自衛権を行使する段階にないわけです。その段階では当然個別的自衛権を行使できないのですから、アメリカ軍を守るのは集団的自衛権の行使ということになります。

アジアからの信頼を得よ

第一章を締めくくるにあたり、ここまでにまだ述べていなかった、私自身の考えをまとめて述べておきます（なお、以下の記述内容は一部、拙著『国難』と重複しますがご容赦ください）。

私は、集団的自衛権の行使は、憲法を改正しなくても十分に可能であるという考え方です。その根拠については、ここまでにも述べてきた通りです。それに対するさまざまな反論については、次章でまたお答えしていきます。

集団的自衛権の話をする場合に、日米関係のことのみと結びつけて考える人が多くいます。たしかに現時点で日本にとっての同盟国はアメリカです。しかしすでに見たように、集団的自衛権の行使は同盟国を対象とするものに限った話ではありません。同盟関係は「密接な関係」のシンボルではあっても、必要条件ではないのです。

日本が集団的自衛権の行使を可能にする、というと「アジア諸国が警戒する」といった論調が必ず出てきます。しかし、私はアジア諸国との良好な関係のためにも、集団的自衛権を行使できるようにすべきだと考えています。

世界の常識で考えると、国の外交力は「経済力」「(軍事力を含めた)安全保障」「武器輸出」の三つを大きな柱としています。「安全保障」「武器輸出」の要素を無視して論じるのは、世界的な常識からは外れています。

例えば、中国はこの三つの柱のすべてをフル稼働させています。それに対しておそれを抱く国もある一方で、そういう強大な国に、「いざとなったら集団的自衛権を行使して助けにいきます」と言われれば、頼りにしたくなる国もあるかもしれません。

翻って、日本は好感が持てる国かもしれませんが、いざという時には決して軍事的な支援をしてくれないらしい、と思われてしまったらどうでしょうか。そんな国とのつき合いはほどほどにしておこうと思われたら、外交はうまくいきません。

こう考えると、アジアにおいて日本が平和国家としてこれまで以上に力を発揮するためにも、日本が集団的自衛権を行使できるようになっていたほうがいいのです。それは決して侵略をしようということではありません。

そのような誤解をされないために、集団的自衛権行使の議論をする際には、我々は二つのことをすべきである、と私は常に言っています。それは「先の戦争の検証」と「中国や朝鮮半島のみならず、フィリピンやシンガポール、タイ、インドネシアといったアジアの国々へしてきたことの検証」です。前者は、なぜあの戦争を始め、なぜ負けたのかといったことについてのわが国自身による検証です。後者はアジア諸国に日本は何をしてきたのかについて検証をしたうえで、きちんとした認識を作ることです。

日本は東南アジア諸国との信頼を高めるべく、戦後地道な努力を重ねてきました。安倍総理も第二次安倍内閣発足後一年で、ASEAN諸国を歴訪し、理解と信頼を深めてきました。日本が何をしてきたかを検証することは、集団的自衛権や憲法の議論をさらに進めていくうえで極めて重要であり、そうした検証を積極的に行うべきである、というのが私の持論です。

第二章　「集団的自衛権」対話編

この章では、さまざまな素朴な疑問について答える形式で、解説を進めていくこととします。メディアなどでよく見聞きする論調を中心に、編集部が作成した質問に答えていきます。

1　地球の裏側で戦争するつもりでは？

「石破さんや自民党は、集団的自衛権の行使を認めさせることで、自衛隊が地球の裏側まで行って戦争ができるようにしたいのではないでしょうか？」

こういう言い方をする方は、よくいらっしゃいます。

「○○政権は、自衛隊を使って地球の裏側で戦争をさせたいんです！」

特にテレビなどではこういう風に言うと、ある程度のインパクトを視聴者に与えることができるのでしょう。最近では、民主党の岡田克也元代表が、国会の質疑で「アメリカと一緒に地球の裏側に行って戦争をすることもありえる」といったことを仰っていました。

確かに集団的自衛権を行使する際に、自衛隊が「地球の裏側」にまで行く「可能性」があるのは間違いありません。

しかし、言うまでもないことですが、それはあくまでもその必要がある場合に限られる、ということです。

わが国の独立と平和、安全のために必要であれば、そしてそのことを国会が承認すれば、自衛隊が地球の裏側に行く場合もまったく無いわけではありません（ただし、現時点ではそういうケースは非常に考えにくいでしょう）。

一方で、必要がなければ隣の国であっても行かない。

つまり地理的な条件ではなく、あくまで必要性に基づいて判断するのです。

集団的自衛権の行使でなくとも、起きたケースによっては個別的自衛権の行使として「地球の裏側」に行くことも可能性としては全くゼロではないでしょう。仮に「地球の裏側」の国が、日本を攻撃してくるようなことがあれば、その国に対して、個別的自衛権を行使して攻撃をすることとは、現在の法解釈の上でも可能です。

必要とあらば「地球の裏側」に行く可能性がある、ということを示しておくのは意味があります。何か乱暴なことをしようとしている国が、

「そうか、日本も必要ならばやってくるのか。自衛隊も結構強いようだから、無茶なことはやめておこう」

と思ってくれればいいのです。それが「抑止力」です。

この質問には、集団的自衛権や憲法第九条改正に関連した議論をしていると、よく出て来る「レッテル」がもう一つ含まれています。それは「自民党は戦争をやりたがっている」という印象を国民に与える言い回しです。

こんなことを今さら言うまでもないのですが、自民党が戦争をやりたがっているはずがありません。いや、私に限らず少なくとも日本の政治家でそういう人にお目にかかったことがありません。

そもそも今の日本にとって、どこが相手であってもこちらから戦争をしかけるメリットは皆無なのです。人は死傷する、お金はかかる、世界中からは非難の嵐……。何にも

いいことはありません。

それでも「石破は戦争をしたがっている」といった類の嘘を言う人がいるならば、それは私の不徳の致すところです、としか申し上げようがないのですが、こういうレッテル貼りをする人には、「戦争をしないために軍隊を持つのです」ということをいくら言っても理解してもらえません。

「だって、毎日、人殺しの訓練をしているじゃないか」

というわけです。

こういう人たちは、空手やボクシングの選手たちに対しても「人を殴る練習ばかりしている乱暴者だ」と言うのでしょうか。

過去の歴史を見ていると、「戦争反対！」と声高に言っている人が、急に一八〇度転回するということはあったように思えます。単なるスローガンや意図的なレッテル貼りは、論理が脆弱であり、また危険ですらあると考えます。

2　ソフトパワーの時代ではないか？

「武力によって平和を維持するという考え方そのものが古いと思います。もっと平和的な外交、ハードパワーだけではないソフトパワーによる外交、人と人との交流などを進めていくべきであって、軍事力で安全を守るという考え方は時代遅れではないでしょうか？」

ソフトパワーというのは、軍事力以外の力、価値観の共有や人的交流や文化交流などのことを指します。文化やスポーツなどで普段から交流を深めておけば、友好関係を築きやすいでしょうし、不要な対立を招く可能性も低くなるでしょう。それはとても大切なことです。

しかし、そもそもハードパワーとソフトパワーは二者択一すべきものではありません。ソフトパワーなきハードパワーは単なる暴力ですし、またハードパワーなきソフトパワーは単なる幻想、理念です。

だからこそ世界で軍隊が無い国は、まずありません。コスタリカには軍隊がない、とされていますが、軍隊と称する組織がないだけで、いざという時には、普段は警察をやっている組織が軍隊を兼ねることになっています。警察が一人二役を務めるわけです。

もちろん、常日頃の外交力は強化しなければなりません。それは今後も努力し続けます。しかし、軍事力あっての外交力という面はたしかにあるのです。

国の外交力は、さまざまな要素から構成されています。そこには文化的交流もあるし、ODAなどの経済援助もあるし、集団的自衛権を含む安全保障の力もあるし、武器輸出も重要な要素です。戦後、日本は経済援助を曲がりなりにもやってきましたが、台所事情からその力が最近やや落ちている感は否めません。

そこに加えて、集団的自衛権を行使可能とせず、また武器輸出という面でも他国と連携をしていないというのが日本の現状です。

武器輸出、もしくは他国との武器の共同開発というとアレルギー反応を示す人もいます。「死の商人になるのか！」というわけです。

しかし、歴史や現状を冷静に見ると、そう単純な話ではないことがわかるはずです。

この点について、少し説明をしておきましょう。

私は、日本が太平洋戦争の開戦を決意するに至った要因の一つとして、軍艦や戦闘機などの兵器すべてを自国で賄《まかな》えるようになったことが挙げられるのではないかと考えています。

日本が最後に外国に発注した戦艦は、日露戦争後にイギリスのヴィッカース社に発注した「金剛」です。それ以降は、すべて国産となりました。

かの有名な零式艦上戦闘機（零戦）も、もちろん国産です。国力に圧倒的な差がある英米との開戦に大きなリスクがあることは当然認識されていましたが、「量を質で補う」との考えの下、血のにじむような努力の末に開発された当時世界最高の性能を持つ零式戦闘機は、開戦前年の一九四〇年に帝国海軍に制式採用されたのでした。これもまた当時世界最高の性能を持つ戦艦「大和」は、開戦直後の一九四一年一二月に就役しています（当時の人々の、優秀な兵器の開発に携わる熱意や想いは、吉村昭氏の『零式戦闘機』や『戦艦武蔵』にとてもよく描かれています）。

明治維新からわずか七〇年余りでこのような技術を持つにいたった日本人の姿は実に

感動的です。しかし、自前で高性能の飛行機や戦艦を作る能力がなかったとすれば、あの戦争を始める決断はなされなかったのかもしれません。

紛争を助長させない、との厳格な基準の下に、日本が武器を輸出したとして、その輸入国がもしさまざまな事情によって国際秩序を乱すような行動に出ようとした時、日本が輸出を止めると意思表示することは、その国の行動を思いとどまらせることになるでしょう。

日本は今、同盟国であるアメリカの技術に相当程度依存しています。戦後我が国は一貫して平和国家として歩んできましたし、これからもそうあらねばなりません。しかしアメリカと日本の強い信頼関係の一部として、「武器の技術を共有している」ことが大きな要因であることも、また確かです。

また、アメリカ等は武器輸出をすることで、結果としてその軍事力の強さをアピールできているという面もあります。

現状、世界の潮流は「武器の共同研究、共同開発、共同生産、相互連携運用」という方向に向かっており、その傾向は冷戦後とくに顕著になりつつあります。

画期的な新兵器の開発には膨大な予算を必要としますし、開発にも大きなリスクが伴います。各国の財政難もあり、できるだけこれをシェアし、多く生産することによってコストを削減することには大きなメリットがあります。また、国連の要請などによる国際的な連携の下に多くの国が参加するオペレーションを展開するには、できるだけ武器やシステムが共通である方が望ましいことも当然です。故障が発生したり、一時的に不足が生じたようなときに、簡単に修理できたり、部品を融通しあうことのメリットは計り知れません（これをインターオペラビリティと言います）。このような国際的な流れの中、武器輸出についての考え方を徐々に見直すことが必要となります。

日本が武器の共同研究や開発にかかわっていくことに懸念を持つ人がいるのは事実です。しかし、そもそも日本が武器輸出をしていないことが、「日本は世界の平和に貢献している」といった国際世論につながっているわけではありません。「日本は武器を輸出していないんだってさ。立派だね」などとは誰も言ってくれません。なぜならどの国も国産にせよ輸入にせよ、武器を持っています。自分たちがどこかから買っている商品なのに、「売っている奴は悪い奴だ」などと言うはずがないのです。多くの国が同じタイプの武器を使用することは数多くの国が「一蓮托生」の関係になることであり、決して安全保障上悪いことではありません。どこかが突出した秘密兵器を開発するといったリスクも低減できるでしょう。

また、先ほども述べたように、一対一の戦争を好んでしかけるような国は、少なくとも先進国の中から現れるとは当面、考えづらいでしょう。

世界の平和と安全を脅かすような存在に対して、皆で協力して行動する、という集団安全保障の考えに基づいた行動のほうが今後増えていくものと考えられます。そうした場合にも、ある程度同じタイプの武器を使うほうが、共に行動しやすいという実利的な面も考えられます。

武器輸出はハードパワーにあたるのか、ソフトパワーにあたるのか。

確かに軍事に関係はしていますが、ある面では技術やビジネスの交流でもあります。簡単にどちらかだと決め付けられることではありません。

現実の外交を考えた場合に、ハードパワーかソフトパワーかという二者択一に現実味はありませんし、またそもそもそう簡単に二分できるものでもないことはおわかりいただけるかと思います。

3　卑怯で何が悪いのか？

「石破さんのような立場の人は、よく子供のけんかをたとえに出して、『僕のことは助けて欲しいけれども、僕は君を助けられない』では通用しない、と言います。しかし、『僕は腕力が弱いからけんかの時は助けてね。ただ、僕の腕力では君を助けることはできないから、代わりに普段からメシをおごるよ。オモチャもあげる』という立場は成り立つのではないでしょうか？

あまり毅然たる姿勢とはいえないでしょうし、人によっては『ズルい』『卑怯だ』と思うかもしれません。でも、それで何が悪いんでしょうか？」

「僕は腕力がないけど、お金はあるからオモチャをあげる。だから助けて」というのは、「ドラえもん」におけるスネ夫君に近いスタンスと言えるかもしれません。スネ夫君はズルいイメージがあるけれども、彼は彼で立派に生きているから、それでいいじゃないか、と思う人もいるかもしれません。

しかし、この立場はかなり危ういものです。もっとお金を持っている家の子供が現れて、ジャイアンに対して「スネ夫君よりもいいオモチャをあげるから、僕のほうをよろしく」と言ったらどうなるのでしょうか。

仮にそんなライバルが現れなくても、日本が昔ほどのお金持ちではなくなっているのは、言うまでもありません。つまり、いつまでもスネ夫君の立場でいることができるかどうかはわからないのです。

そもそも、本当に何らかの理由で体力的にけんかができないのであれば、「僕は戦わないけれど、僕のために戦ってね」ということを言ってもいいでしょう。実際、独立した当時の日本はそうだったかもしれません。しかし、今の日本はそうではありません。イザとなれば立派にけんかができる能力を持っていることは、誰の目にも明らかです。それなのに、この質問で述べているような立場を貫くことができるのでしょうか。

私の知る限り、アメリカを始めとする日本の友好国の中で、「日本だけは特別で、自分ではけんかのできない国だから仕方ないね」と考えている国はありません。

そもそも、スネ夫君ファンには申し訳ないのですが、彼は決して「ドラえもん」の中ではそんなに人気のあるほうのキャラクターではありません。それは、やはり「ズルい」というイメージが強いからでしょう。それでもいいじゃないか、という人に考えていただきたいのは、そういうキャラは仲間の中でも信頼されないという点です。このことは、先ほどのソフトパワーの話と関係してきます。

つまり、悪いイメージは、外交においてプラスにならない。ソフトパワーという点での外交力も下げるわけです。

このように説明すると、

「何を言うか。憲法第九条の崇高な理想が、世界の規範となるし、これがあるから日本は世界に尊敬されているんだ。そしてその第九条がある以上、日本はスネ夫でものび太でも構わないのだ」

と言う方もいらっしゃるかもしれません。

しかし、こうした意見にもかなり誤解があります。まず、憲法第九条第一項について言えば、「日本国民は、正義と秩序を基調とする国際平和を誠実に希求し、国権の発動たる戦争と、武力による威嚇又は武力の行使は、国際紛争を解決する手段としては、永久にこれを放棄する」という、パリ不戦条約に由来する文言を条文に盛り込んでいる憲法は、他国にも見られます。

第二項の「戦力不保持」は、たしかに日本独特の条文ですがこれまで多くの国の安全保障関係者とお話しした中で、この第二項について具体的に突っ込んだ議論をしたという経験を私は持ちません。「自民党として第二項を変えたいと考えている」と話しても特に拒絶されることもなく、「それは日本の決めること」という反応でした。

今まではこれでたしかによかったのです。しかし、日本が今日まで戦争に巻き込まれることもなく、独立と平和を保つことができたのは、自衛隊と日米同盟の存在によるところが大きかったのであり、憲法第九条があったから、というのが唯一絶対の理由ではないでしょう。湾岸戦争（一九九一年）の時がそうであったように、「日本には請求書を回しておけばよい」ということでこれから先も通用するとは思えません。

「力のバランス」という考えは、いつの時代にも極めて重要です。バランスが崩れ、「力の空白」が生じたときには、必ず大きな変化が訪れるのです。アメリカがベトナムから撤退した後、あるいはフィリピンのスービック海軍基地やクラーク空軍基地から撤退した後、中国は領有権を争っていた南沙諸島や西沙諸島の多くを実効支配下に置いたのです。これはつい最近の出来事です。

中国政府としての正式な見解ではないにせよ、中国人民解放軍の幹部が書いた論文には「戦略的辺彊《へんきょう》」という考え方が登場します。「戦略的国境概念」とでもいうのでしょうか、国家の発展に伴い、その生存のために国境は変化しうる」という考え方のようで、その根底には、「かつてこの地域はすべて中国の支配下にあった」との意識が存在しているように思われます。アメリカの軍事的プレゼンスが低下する一方で、このように考える中国がより積極的に力を拡大していく。これが現在のアジア太平洋地域の現状、トレンドであり、当面これは変わらない。であるならば、日本も安全保障についての考え方を変えていかねばならないのではないか、と私は考えます。

中国と一戦交えよ、などと主張しているのでは決してありません。そのようなことは誰も望んでいませんし、どの国も失うものばかりが多くて得るものは何もありません。中国が政治的にも経済的にも安定し、いつの日か国際社会のルールに完全に適合した民主主義国家として発展してもらいたい、と切に願っています。

しかし、「力の空白」が生まれたことによって中国が実力行使を決断したことを忘れるべきではなく、そのような気持ちを起こさせないためにも、日米同盟、米韓同盟、あるいはＡＮＺＵＳ（太平洋安全保障条約）が有効に機能するよう、さらなる努力が必要となります。

4　アメリカは本当に望んでいるのか？

「アメリカも日本に集団的自衛権の行使を求めている、という主張をする方がいますが、本当でしょうか。確かにアーミテージさんはそういう主張をしていたようですが、そういう人はもうアメリカでも少数派だという説があります。そもそもアメリカが望んでいるのは、中国、韓国を刺激して、揉めないでくれということでは？」

確かに、アメリカといっても様々な立場の人がいます。リチャード・アーミテージ元国務副長官は、共和党の政治家であり、また知日派としても知られる人物です。彼のような立場の人が、日本に対して明確に集団的自衛権の行使を求めてきた一方で、この問題についてあまり積極的ではない、もしくは関心がない関係者がいたのも事実です。

しかし、最近の傾向でいえば、かつてはそこまで積極的ではなかった人、たとえばア

メリカの民主党の政治家からも、

「日本も何とか集団的自衛権の行使ができるようになってくれるといいのだが」

という声を聞くようになりました。

これはやはり自国の軍事力が低下していかざるをえないという事情が背景にあるのだと考えられます。もうアメリカが何でもかんでもやることはできない、日本ができることはやって欲しい、ということです。

また、そもそも集団的自衛権行使容認について、アメリカの政治家で明確に反対する人には会ったことがありません。それは日本が決めることだ、というのが表向きのスタンスです。

もしかすると、内心では日本がこのままでいてくれたほうが、米軍基地もこのままにしておけるから都合が良い、と考えている人もいるかもしれません。しかし、少なくともそのようなことを表立って口にする人はいないのです。

東京湾に入ったアメリカ戦艦ミズーリ号の甲板で降伏文書に署名した重光葵は、それから一〇年を経た一九五五年、鳩山一郎内閣の外務大臣としてワシントンを訪れ、ジョン・フォスター・ダレス国務長官に対して、「日本は集団的自衛権を行使し、グアムまで守る。よって日本に駐留しているアメリカ軍は撤退してもらいたい」旨発言します。これに対してダレスは「発足したばかりの日本の自衛隊にそのような力はないし、憲法はそのようなことを認めていないはずだ」と応酬したのです（参考資料：『日米同盟の絆――安保条約と相互性の模索』坂元一哉著、有斐閣）。それが今の日米安保条約につながっているのですが、日本は今でも半世紀以上前の日本なのでしょうか。それで本当に良いのでしょうか。この点については、もう一度あとで触れます。

日本は集団的自衛権の行使を可能とすることによって、改めて真正面から我が国の独立と平和、そして地域の平和と安定のために果たすべき役割を、直視することになるのではないでしょうか。「なぜここに米軍基地があるのか」「なぜここにこのような部隊が展開しているのか」といったことについて、建前はともかく、本音でどこまで突き詰めて議論してきたでしょうか。それは裏返せば、日本は何をすべきか、を真剣に考えることにもつながります。

現状では、米軍を置くのは条約上の義務です。しかし仮に日本が集団的自衛権を行使できる、ということになれば、在日米軍は条約上義務として置くものではもはやなくなり、ようやく「この基地は何のためにあるのか」という議論ができるのです。

私は日米同盟はさらに強化されるべきだと思っていますし、在日米軍の必要性も十分に理解しているつもりです。しかし日本人の心のどこかに、「基地を置くのは日本の義務だから仕方がない」との思いはないでしょうか。

日本でできることは日本で行う、米軍に依存しない、というのは、とても大事なことではないでしょうか。防衛力の整備も、沖縄の負担軽減も、基本的にはこの考え方に依るべきものだと思います。

また、中国、韓国等を刺激する、といった意見もよく耳にします。しかし、「国連憲章の規定に日本も従うことは、国連中心主義を採る我が国として当然のことです」

という説明をしてもなお、中国や韓国はこれに反対するのでしょうか。中国は国連安全保障理事会の常任理事国であり、韓国は国連事務総長を輩出しているのです。「右傾化」などと批判されるいわれはありませんし、そのような批判に対しては誠心誠意、国際社会に訴えていくべきだと考えます。

また、当然のことながら、中国や韓国は自国の集団的自衛権の行使を可能としています。

ちなみに、オーストラリアのジュリー・ビショップ外相は、二〇一三年に訪韓した際に、「日本は軍国主義に向かわず、アジア・太平洋地域や世界の平和と安全に対し積極的な貢献をするだろう」と述べて、日本の集団的自衛権行使容認を歓迎する旨の発言をしています。

5　想定されている事態は非現実的では?

「第一次安倍政権の時に、集団的自衛権行使についての検討がなされましたが、その議論の前提となった個別のケース自体に問題があると思います。

たとえば、公海で米艦艇が襲撃された際に、このままでは自衛隊は米軍を助けることができない、という説明でしたが、そもそも公海で自衛隊と米艦艇が一緒にいる時に米艦だけが攻撃されるケース自体が考えづらいですし、その際には個別的自衛権でも対応できるのではないでしょうか。

また、『アメリカに飛んでいく弾道ミサイルを撃ち落とす』というケースも想定されていましたが、現状、そんな迎撃能力は無いはずです。

現実的ではない場面を想定して、『こんなことがあったらどうする』としたうえで、集団的自衛権の行使を認めさせようとしているのではないでしょうか?」

集団的自衛権の行使にあたるケース、あたらないケースについては、第一章の7でもある程度ご説明しました。

集団的自衛権の行使を可能にすることに対して、反対の意見を持つ人の中には、質問にある第一次安倍政権の時の議論に対して批判的な人がいます。質問も、その立場に近いものかと思うので、もう少し細かく説明してみましょう。

第一次安倍政権では、「安全保障の法的基盤の再構築に関する懇談会」（安保法制懇）を設けました。ここでの議論の中で、具体的なケースとして「公海上で自衛隊の艦船と米軍の艦船が共に行動していた際に、米軍が攻撃されたとする。米軍艦船を助けるには、集団的自衛権を行使できるようにしないといけないのではないか」「アメリカに飛んで行くとわかっているミサイルを迎撃するのには、集団的自衛権の行使が必要ではないのか」という問題提起がなされたわけです。

これに対して、防衛庁で官房長を務めた柳澤協二氏は、最初の公海上のケースについて次のような自説を述べておられます（以下、引用は『改憲と国防――混迷する安全保障のゆくえ』（柳澤協二・半田滋・屋良朝博、旬報社）より）。

「第一次安倍政権当時、自衛隊はインド洋で給油活動をしていましたが、給油は、五〇メートルぐらいのところでホースをつないでいるわけですから、どちらに対する攻撃かは区別できません（注・日本に対する攻撃かアメリカに対する攻撃かは区別できないという意）」

だから、この場合は個別的自衛権で対応して、応戦することが可能だ、というのが柳澤氏の主張です。そして、このケース自体に現実味が無い、と批判を加えています。

「どこの国が攻撃するにしても、海の上にいる米艦一隻を攻撃して、日本海や南シナ海、あるいは在日米軍基地にいる米空母などはそのまま放っておくのでしょうか、そんなことは考えられません」

また、ミサイルに関しては、

「米国に飛んでいくミサイルについて、日本のミサイル防衛システムではとても落とせない」

とも主張しています。こうした主張をベースに、柳澤氏は、日本が集団的自衛権を行使できるようになる必要はないと結論付けています。

まず、前者の公海上のケースについて言えば、そもそも公海上で日米が共に行動しているといっても、いつもいつもすぐ近くにいるわけではありません。現代の艦隊行動においては、相当な距離があるのが普通です。時おり観艦式などでは、大きな艦船がすぐ近くを航行する姿が見られますが、あれはデモンストレーションだからです。実際には、互いが水平線の向こうにいるケースも多いでしょう。

その離れた位置を航行する艦船が攻撃されるというケースを想定することは、そう現実味のない話ではありません。なぜ柳澤氏が五〇メートルといった近い距離のケースのみを想定しているのかはわかりませんが、あらゆる事態を想定すべきであり、あまり条件は限定しないほうがいいと私は考えます。

同様に、その次の引用で述べているような「艦船一隻だけを攻撃するなんて考えられない」といった主張も、なぜそのような限定をするのかはよくわかりません。

確かに、近くを航行している米艦船が攻撃された際に、日本側への攻撃と見なして、個別的自衛権を発動して反撃する、という論理も成り立つかもしれません。しかし、水平線の向こうにある軍艦への攻撃を全て日本への攻撃だと見なして、これを個別的自衛権として取り扱うべきかは、かなり疑問です。

柳澤氏に限らず、「ほとんどのことは個別的自衛権で処理できる」という主張の人はいます。しかし、たとえばグアムに飛んでいくミサイルがあったとして、それを日本への攻撃だと見なして撃ち落とすというのは、無理があります。

また、二つ目のケースであるミサイルに関して言えば、確かにアメリカ本土に飛んでいくミサイルを日本から撃ち落とすことは現状できません。しかし、それはあくまでも現時点での能力の問題に過ぎません。いずれより装備の性能が向上した場合にはどうするのか。そうしたことは視野に入れるべきです。

もちろんあらゆるケースにおいて集団的自衛権として対処する必要はありません。ケースによっては個別的自衛権で対処できることもあるでしょうし、警察権で対処できることもあるでしょう。

しかし、集団的自衛権の行使を認めないがために、「個別的自衛権の行使で対処できる」という論理を組み立てるのは、かなり国内向けの議論であり、国際社会の感覚とは相当に異なるものなのです。

6　個別的自衛権で何とかなるのでは?

「実際のところ、強引な解釈さえすれば、大抵の事態には個別的自衛権で対応できるのではないでしょうか。集団的自衛権行使がどうしても必要とされる具体的な局面を教えていただけませんか?」

質問1のところでも少し触れましたが、個別的自衛権だから遠くで武力行使ができないということではありませんし、集団的自衛権だから地球の裏側にまで行ってよいというようなものでもありません。

たとえば、中東のX国によってホルムズ海峡が封鎖された、海に機雷がばら撒かれて、そのせいで我が国に石油を運ぶことができなくなった――こういうケースでの機雷の除去は、集団的自衛権ではなく、警察権的権利の行使で行うことが可能な場合もありえます。どこの国のものか分からない機雷（遺棄機雷）は航行の安全を害するので、海上の治安の維持ということで除去するわけです。そして仮にその除去活動をしている我が国の掃海艇がX国から攻撃を受けた場合には、個別的自衛権を行使して反撃することも可能です。これらの場合、集団的自衛権とは関係なく武器が使用される可能性はあるわけです。

つまり、距離や状況の緊迫度は、個別か集団かということとは全く関係がありません。第一章の7でも述べましたが、平時なのに集団的自衛権の行使が問題とされるゆえに日本が現状できていないことがあります。たとえば、「コブラ・ゴールド」と呼ばれる訓練への本格参加です。

コブラ・ゴールドは米軍とタイ軍の主催で毎年行われている多国間の共同演習です。参加国は、他に韓国、シンガポール、インドネシア、マレーシア等。ここに自衛隊も「参加」しています。

なぜカギカッコつきの「参加」にしたかといえば、自衛隊は、この演習でオブザーバーもしくは「敵役」として加わるなど、参加の態様に相当制限があるからです。他の国との共同演習は、集団的自衛権の行使にあたる可能性がある、というのがその理由です。

訓練は、部隊としての錬度を高めるのはもちろんですが、他国と共同で行うことで、いざとなった時の共同対処をスムーズにしたり、お互いの装備や錬度を確認したり、信頼関係を向上させ抑止力を高めるのに非常に効果があります。ところが、こういう訓練にすらきちんとした形で参加できていないのです。

「個別的自衛権で十分」という方々は、その方が安全だ、自衛隊を危険な目にあわせないで済む、と考えているのかもしれません。あるいは、集団的自衛権の行使を認めることは、かつての戦争への道を再び歩むことになりかねないと危惧しているのかもしれません。

さきほど、元防衛庁幹部の方が「個別的自衛権と解釈すればできる」といったロジックを述べた例を挙げました。このように解釈をすれば、いろいろなことができる、というのであれば、それは結局のところ呼び名が違うだけで、実際は集団的自衛権を行使しているのと同じことです。

そのような概念の遊びをしたところで、日本の安全にもつながりませんし、自衛隊が安全になるわけではありません。むしろ、自衛隊を出してよいケース、よくないケース、出すべきケース、出すべきではないケースを細かく考えていくことのほうが重要なはずです。

集団的自衛権とは関係ありませんが、周辺事態の際にも、現状、自衛隊が後方支援できるのは米軍に対してのみです。

しかし、仮に朝鮮半島有事となり、米軍の他、オーストラリアやシンガポールも軍隊を派遣してきた場合、それでも米軍にしか支援できない、ということでいいのでしょうか。普通に考えて、それは非常識です。

こういうことが本当に日本の安全につながるとは私には思えません。

7　まずはお前が隊員になれ

「仮に集団的自衛権の行使を認めるということになると、自衛隊員の危険が増すのではないでしょうか。自衛隊員が死んだらどうしてくれるんですか?」

個別的か集団的かということと危険度とは必ずしも関係ないということはすでに述べた通りです。

しかし、もともと自衛官は、

「事に臨んでは危険を顧みず、身をもつて責務の完遂に努め、もつて国民の負託にこたえる」

という誓いを立てたうえで入隊しているのです。そういう覚悟が必要な危険な仕事に、使命感と誇りをもって日々任務を遂行しているのです。ですから、外部の人が「自衛隊が危なくなるから駄目だ」と言い募《つの》るのには違和感があります。

世の中には、自衛官に限らず、身の危険を覚悟して誇りを持って働いてくださっている仕事はたくさんあります。警察官や消防官、海上保安官などもそうですし、災害や事故現場での様々な仕事もそうです。「危険だから駄目」と安易に言うことは、こうした方々に対して失礼な言動ではないでしょうか。

こういう物言いをする人は、「自衛隊が普段は安全な仕事をしている」という根本的な勘違いをしているようにも見えます。別にPKOやイラクに行く隊員だけが危険な任務についているわけではありません。

災害救助や訓練で命を落とす隊員も少なくないのです。警察予備隊から含めると殉職者数は一八〇〇を超えています。大変悲しいことですが、毎年何人かは必ず殉職しているのです。そのことはもっと知っておいていただきたいことです。

イラクのサマーワに自衛隊を出すかどうか議論がなされていた時に、「そんなことをして犠牲者が出たらどうするのか」という人がいました。幸い、犠牲者を出さずに済みましたが、あのとき「どうするのか」と言っていた方々は、同じ時期に訓練で殉職した隊員がいることをご存知なのでしょうか。

そのサマーワへの派遣にしても、陸上部隊については本人が拒否すれば行かなくてもいいようになっていました。それでも志願者のほうが多くて、そこから選抜するのが大変だというくらいでしたし、再派遣を希望する隊員も少なからずいたことも事実です。

この「危険な仕事だから」うんぬんという話で思い出すのは、代議士になって間もない当選二回目の頃、看護師（当時は看護婦と呼ばれていました）さんたちと話したときのことです。

その頃、彼女たちの仕事の３Ｋ（キツイ、キタナイ、キケン）が問題になっていました。そのせいでなり手がいないことが社会問題になっていたのです。

その時、自民党で彼女たちをお招きして、いろいろヒアリングや意見交換をする機会を持ちました。その場で、

「みなさんの仕事は本当に大変ですね。きついし、危険ですし……」

とこちらが話を始めたら、ある若い看護師さんが烈火のごとく怒ってこう言いました。

「あなた方がそういうことを言うから、駄目なんです。あなた方外部の人が、きついとか危険だとか言うからなり手が減るんです。私たちはそれを承知でこの仕事をしているんです」

自衛官の多くも、これと似たような気持ちではないでしょうか。イラクに派遣する際に、防衛庁長官だった私のもとに、ある幹部自衛官が面会を求めて来ました。彼はこう言いました。

「長官、もしも我々の中から犠牲が出ても、派遣を止めないでください。仮に殉職者が出たことで、オペレーションを止めるくらいならば、そもそも行かせないでください。我々はそういう覚悟で行くのですから」

だから危ない目に遭わせていい、というのでは断じてありません。できる限りの装備、権限を与えて、できる限り安全に任務を遂行してもらうように、私たちは最大限の努力をしていますし、努力し続けます。それは政府の責務です。しかし、だからといって「絶対に安全」ということにはならないでしょう。

多くの国民が高く評価している災害救助でも、犠牲者が出る可能性はあります。東日本大震災においても、直接救助活動での死者は出ていませんが、過労死した隊員はいます。少し前に、キャスターの方の海難救助をしていましたが、あれもかなり命がけの仕事でした。

大前提として強調しておきますが、集団的自衛権というのは、「戦争をしかけられる確率を低くするための知恵」です。そう考えれば、自衛隊の危険度を減らすことになる、という論理も成り立ちます。

いずれにせよ、この手の質問は議論のためというよりは、ご自身の意見を言うためのものなのでしょう。「お前が隊員になれ」「まず、あなたの子供を自衛隊に入れろ」といった意見も時おり耳にしますが、自衛官は嫌々この仕事を選んだのではなく、自らの意思で、誇りを持って選んだのです。私も子供が入りたいといえば、止めませんし、嫌ならば行かせないというだけのことです。

8　自衛官は嫌がっているのでは？

「自衛官は集団的自衛権行使の権利を求めているのでしょうか？　元自衛隊幹部という方々の中にも反対を表明している方が複数いるのですがどうなんでしょう？」

さきほど例に挙げた柳澤氏のように、反対の立場を表明している方が、ＯＢの中にもいらっしゃるのは事実です。さまざまな方が、自由に意見を言うことは良いことだと思いますし、この問題について、議論が活発になることを私は歓迎します。

ただ、私の知る限り、「集団的自衛権行使反対」と明確に述べているのは、背広組の官僚ＯＢがほとんどのように思えます。実際、現場に出向くことになる制服組幹部ＯＢで、そういう意見を主張している例を私は知りません。

多くの隊員は、この件について「ぜひ認めて欲しい」と積極的に発信しているわけではありません。それは政治が決めることだと考えているからです。ただし、海上自衛隊のほうは、必要性を痛感しているという面があるようです。実際に海上幕僚長がそのような主旨の発言をしたこともあります。

新聞などに批判されたりもしたのですが、それでもあえて発言したのは彼らの危機感の表れなのでしょう。海上自衛隊は実際に海外に行って、米軍等と共同でオペレーションにあたることが多くあるからです。

9　アメリカの巻き添えになるだけでは？

「いかに理屈を言っても、現状でいえば、アメリカの戦争に巻き込まれるだけではないでしょうか？　もしもイラク戦争の時に、集団的自衛権の行使がＯＫだったら、自衛隊も参加させられていなかったと言い切れますか？」

「同盟のジレンマ」という言葉をご存じでしょうか。相反する二つの恐怖が同盟にはつきまとうのです。それは「同盟国の戦争に巻き込まれる」恐怖と「同盟国に見捨てられる」恐怖です。

「同盟を組んでいると、相手の都合で、よくわからない戦争に付き合わされたり、危ないところに連れて行かれたりするのでは」というのは前者。

「付き合いが悪いと、同盟をいつ破棄されるかわからない。それはそれで不安だ」というのが後者。

この質問もそうですが、往々にして前者の「巻き込まれる」恐怖のほうだけが強調されるきらいがあるように思えます。

しかし、いま日本には、「巻き込まれる」という受け身の発想だけではなく、日本有事の際には常にアメリカを「巻き込む」という積極的な発想こそが必要なのではないでしょうか。それが同盟強化の意味です。

アメリカの力は相対的に落ちている。それを日本が補う。そのことによってアジア太平洋地域におけるアメリカの権益も確保される。そういう構造をつくっておけば、有事の際に、アメリカ軍が出ることに対してアメリカの納税者も納得するでしょう。逆に言えば、そうしておかなければ見捨てられる可能性はあるのです。

奇妙なことですが、アメリカに巻き込まれることを警戒する人の中にも、「でもアメリカは同盟国なんだから何かあれば助けてくれる」と考えている人がいるようです。なぜそこまでアメリカを無邪気に信用できるのか、私には理解できません。

もちろん日米同盟は強固ですし、今後もそうあるべきでしょう。しかし、一方でアメリカも自国の利益のために動く、いや利益のためにしか動けません。だから、仮にアメリカ国民が「なぜ日本なんかのために動くのだ」と一致して言えば、簡単に軍を動かすことはできないのです。

また、よく誤解されていますが、イラク攻撃はアメリカの自衛権の行使ではありません。あれは、国連安保理の決議に基づいて多国籍軍が動いたのです。つまり、集団的自衛権ではなく、集団安全保障の論理に基づく行動です。その違いについては第一章で述べましたが、イラクの大量破壊兵器が、世界の平和と安全を脅かす可能性がある、という安保理の決議があり、それに基づいて軍事行動を取ったわけです。アメリカが自衛権を行使したわけではありませんから、日本が集団的自衛権を行使できようができまいが、関係ありません。

アメリカが個別的自衛権を行使した最近の例は、9・11同時多発テロの後のアフガニスタン攻撃です。この時はアメリカが個別的自衛権を行使し、NATOが集団的自衛権を行使して参加しました（その後、集団安全保障に切り替えた）。ですから、論理上は、日本の集団的自衛権の行使が可能になっていたならば、あの戦いに自衛隊が参加した可能性はゼロではない、ということになります。

ただし、これもまたよく誤解されるところですが、可能だということと、実行する、参加するということはイコールではありません。自民党の基本法案においては、行使にあたっては、国会の事前承認を必要としていますし、「行使できる」と「行使する」はまったく別なのです。この点を理解していない人が、過度に「巻き込まれる」ことを怖れているのではないでしょうか。

実際に、9・11の後に、さまざまな条件が整備されていて、法的に「行使できる」状況だったとしても、日本が「行使する」となったかといえば、はなはだ疑問です。

9・11に関して言えば、日本人も多数犠牲になっています。ということは、個別的自衛権を発動することも（強引な解釈をすれば）可能だったかもしれません。

しかし、日本人の感覚としては、いくら国民が殺されたからといって、それで「自衛権を発動して敵国を攻撃しよう」とはまずならないでしょう。それがほとんどの日本人にとっての常識的な感覚だと思います。

つまり、問題は「集団的」か「個別的」かではなく、最後はその国それぞれの判断によって決めることなのです。

日本人に馴染みやすい集団的自衛権の行使としては、当時のドイツの行動が参考になるかと思います。あの時、ドイツは集団的自衛権を行使して、アメリカを支援しました。

しかしそれは攻撃に参加するのではなく、手薄になったアメリカ本土の防衛を支援するためにレーダーを積んだ飛行機（ＡＷＡＣＳ）を飛ばすことでした。米軍からの要請に基づいての支援です。

こういう支援は、おそらく国民にも理解されやすいでしょうし、集団的自衛権の行使が認められればスムーズに行えることです。逆に言えば、こういうことも今の解釈では難しいとされています。

繰り返しますが、個別的だから安全で、集団的だから危険だということはありません。にもかかわらず、解釈をあれこれとひねり回して、実質的な議論にまで入っていけないのが、日本の現状なのです。

個別的か集団的か、ではなく、その行動が日本の安全保障にどのように役に立つのか、日米同盟にどう影響するのか、という具体的な議論に進んだほうが、国民にとって実のあることなのではないでしょうか。

確信を持って言えるのは、「個別的か集団的か」「集団的自衛権は是か非か」「これは武力行使と一体化しているのかしていないのか」といったテーマで喧々《けんけん》諤々《がくがく》議論が行われている日本の状況は、世界的に見てきわめて珍しいということです。なぜなら、ほとんどの国は、そういう概念を弄ぶことではなく、実際に効果のある防衛とは何かを考えているからです。

10　テロリスト掃討もやるつもりですか？

「アメリカはテロリスト掃討作戦を国外で展開し、ビン・ラディンやフセインを殺害しました。あの手のテロリスト掃討作戦に、自衛隊が参加できるようになるのではないでしょうか？」

まず、理屈だけからいえば、現状でも日本が「テロリスト掃討作戦」に参加することは、「憲法違反」とならない場合がありえます。憲法第九条が禁じているのは「国または国に準ずる組織」への武力行使であり、「国際紛争の解決の手段」としての武力行使です。テロリストは「国または国に準ずる組織」ではありませんし、テロリストとの戦いは「国際紛争」とは別物です。したがって、憲法がこれを禁じているわけではない、ということになります。

つまり憲法上は「可能」ということです。これは集団的自衛権とは別の話になるわけです。ただし、仮にこのテロリストが、タリバン政権のように「国または国に準ずる組織」といえる存在であれば、憲法上、不可能ということになります。

憲法上は可能であっても、自衛隊を動かすということになれば、現実の問題としてはかなりハードルが高いでしょう。まず、そのために法律を作らなければなりません。インド洋における補給活動や、サマーワへの派遣についても、そのために特別の法律をつくって活動したのです。

武器の使用を前提としていないこうした活動においても、そういう手続が必要だったのですから、「テロリスト掃討作戦」に参加する、ということになれば、当然そのための特別法をつくらなければなりません。

このように述べると、「そんなものに自衛隊を参加させるつもりか。危ない奴だ」と思うかもしれませんが、私は「参加できるようにしよう」と言いたいわけではありません。

仮に日本人がテロの被害に遭ったとして、「許せない。報復せよ。相手を殺せ」とはなかなかならないのではないでしょうか。現に、9・11テロの際にも二五名の日本人の犠牲者がありましたが、この時にそのような声は国内からはほとんど上がりませんでした。

11　憲法第九条のおかげで平和なのでは？

「戦後、日本が平和で戦争に巻き込まれずに済んできたのは、憲法第九条に代表される平和主義があったからこそのはずです。イラクやアフガニスタンで自衛隊が攻撃されなかったのも憲法第九条のおかげです。だから世界で尊敬されているのです。この私たちの素晴らしい財産をみすみす捨てるなんて馬鹿げていると思いませんか？」

中東で自衛隊が攻撃されなかったのは、別に憲法第九条のおかげではありません。

前述しましたが、憲法第九条第一項「正義と秩序を基調とする国際平和を誠実に希求し、国権の発動たる戦争と、武力による威嚇又は武力の行使は、国際紛争を解決する手段としては、永久にこれを放棄する」に類する条文は、世界中のあちこちの憲法にあります。

独特なのは第二項ですが、「陸海空軍その他の戦力は、これを保持しない。国の交戦権は、これを認めない」というのが、なぜ自衛隊が攻撃されないことにつながるのか、その論理がよくわかりません。

このような平和憲法を持っているから、私たちが尊敬されていて「だから日本の自衛隊を攻撃するのもやめよう」と相手が思ってくれる、というのでしょうか。しかし、私たちが思っているほど、世界の人は憲法第九条を知っているわけではありません。ましてやテロリストが「日本の憲法第九条は素晴らしいから、攻撃はしない」といった方針を取るはずもありません。

中東での活動に限らず、「憲法第九条があったから戦争に巻き込まれなかった」というのは一種の日本人独特の思い込みでしょう。

日本が他国に攻め込まれなかった主な理由は、日米安全保障条約があり、アメリカという強大な軍事力を持つ国と同盟関係にあり、自衛隊という自国を守ることができる組織があり、といった条件が揃っていたから、と考えるのが自然でしょう。だから他国が攻めてこようとはしなかった。それが現実です。

12　アメリカとの関係は対等になるのか？

「集団的自衛権を認め、国防軍を作れば、アメリカと対等に近づける、といったことを言う人がいますが、甘いのではないですか？　アメリカはそんなつもりはないのでは？　どうやっても米軍基地をなくすことにはつながらないのではないでしょうか？」

フィリピンにあった米軍のスービック海軍基地は、米軍にとって重要な基地の一つでした。ベトナム戦争において、この基地は重要な役割を果たしたとされています。しかし、この基地から米軍は一九九一年に撤退をします。

なぜそうなったのか。これは借地料の値上げが理由の一つだとされています。フィリピン政府が、借地料をあまりに吊り上げたので、アメリカ側が嫌になって出て行った。動機は何であれ、フィリピンはアメリカに対して基地の撤去を求め、それを実行させることができたとは言えるでしょう。

アメリカとフィリピンの間で結ばれている安全保障条約（米比相互防衛条約）では、互いが集団的自衛権を行使できることが当然の前提になっていますし、米軍基地を置くことはフィリピンの義務とはなっていません。だから、「出て行って欲しい」ということをフィリピンは言えたわけです（今になって、フィリピンは、戻ってきて欲しいと言っているようですが）。

一方で、日米安全保障条約はそうはなっていません。もちろん主権国家同士の取り決めですから、そのような内容にすることもできなかったわけではないでしょう。

しかし、現実には日本はそういう条約を結ぶことができませんでした。一九五四年に発足した鳩山一郎内閣は、吉田内閣の「向米一辺倒」から方針を変えて、「自主外交」路線を目指しました。この時の重光葵外相は、「今のままの安保条約が続く限り、日本は本当に独立した主権国家とは見なされない」「憲法第九条があるからといって、相互の義務を伴う集団的な安全保障の取り決めを結べないとは考えていない」とアメリカに対して主張しました。

本章の４でも少し触れましたが、一九五五年に重光外相はジョン・フォスター・ダレス国務長官に対しても、安保条約の改定を申し入れます（以下の重光・ダレス会談に関する記述、参考資料は前出『日米同盟の絆』）。

「今や日本はＮＡＴＯやＳＥＡＴＯの一部の構成国に勝る軍事力を持ち、増強されることになっている。現在の一方的な安全保障条約に変わり、相互的基盤に立った新しい防衛条約を結ぶ機が熟した」としたうえで、「相互防衛に関しては、各締結国が西太平洋地域における相手国の領土又は施政下の地域に向けられた武力攻撃を、自国の平和と安全にとって危険であると認め、その共通の危険に対して自国の憲法上の手続に従って行動することを宣言する」という形を提案しました。

これがまさしく集団的自衛権の行使を前提とした提案であることはおわかりでしょう。

この提案に対して、ダレス国務長官は、次のような反論をしました。

「そんなことを言っても、グアムが攻撃された時に、日本が派兵できるかは疑わしい。憲法が海外派兵を禁じているのなら意味がない。日本の軍事力がもっと強くなり、憲法も改正されれば状況は変わるだろうが」

これに対して、重光はなおも、

「自衛のためならば軍隊の派遣も可能だ。日本も米比相互防衛条約のようなものを持ちたいし、それは現在の憲法下でも可能である」

と主張しましたが、ダレスは、

「重光外相の憲法解釈はわからない。日本がそんなことができると考えているとは知らなかった」

と反論したのです。

ここで注意しておくべきことは、ダレスは、日本の軍備増強や憲法改正、解釈の変更を求めていたのではない、という点です。当時アメリカにとって都合が良いのは、日本が重光の言うような「本当に独立した主権国家」となり、「相互の義務を負う集団的安全保障条約」を結べるようになることではなく、基地を義務的に提供する存在であり続けることでした。彼らにとっては「日本やその周辺に無制限に米軍を配置する権利」のほうが、日本から提供される軍事力よりもはるかに価値があったわけです。

しかしこのやり取りからもわかるのは、対等な立場での条約に改定するには、いくつかの前提条件があるということです。その一つが集団的自衛権の行使容認なのは明らかです。

少し補足しておけば、今でも条約の文中に、米軍基地を受け入れることが「義務」だという言葉は入っていません。

「日本国の安全に寄与し、並びに極東における国際の平和及び安全の維持に寄与するため、アメリカ合衆国は、その陸軍、空軍及び海軍が日本国において施設及び区域を使用することを許される」（第六条）

というのが、正式な条文です。この「許される」というのは英語では「granted（所与のものとして与えられている）」と書かれています。これについて、米軍基地を置くことは日本側の「義務」とされている、というのが、従来の両国の政府解釈です。

このような条約の下では、米軍が必要と考える基地を日本に置くことは当然の権利だと捉えるのは自然なことです。むしろ、このような条約を国家間で正式に結んでおきながら「基地は撤去せよ」と声高に主張するのは、アメリカからすれば理不尽な話でしょう。契約書に書いていることを実行したら、抗議されたようなものなのですから。もしも撤去や削減を求めるのならば、まずは条約を改定することを目指すべきなのです。

質問者が「甘い」と感じるのはご自由ですが、集団的自衛権の行使を認め、より対等な形の条約に改定することで、米軍基地を減らすことができる可能性が高くなるのは間違いありません。

ところが、「集団的自衛権の行使容認は許せない」という人と「米軍基地を日本から撤去せよ」という人は、かなりの部分重なっています。これはきわめて矛盾しているのではないでしょうか。

13　中国・韓国を刺激しないか？

「集団的自衛権の行使を容認することは、かえって中国や韓国との緊張を高めることになるのではないでしょうか？　それは安全保障の観点から見てマイナスでは？」

これについては先ほども少し説明しましたが、もう少し補足しておきます。

まず、「緊張が高まる」ことと戦争になるかどうかは、まったく別の問題です。すでに憲法改正や集団的自衛権に関する憲法解釈の見直しについては、中国や韓国では、「軍事化」「右傾化」といった言葉で非難する報道が出ていますから、「日本はけしからん」といったプロパガンダが激化することはあるかもしれません。

しかし、本書を読んでいただければわかりますが、集団的自衛権の行使は本来、アメリカとの共同行動のみに限るべきものではありません。

仮に中国がどこかの国に攻撃され、中国からの要請があり、それが日本にとっても脅威であり、国会の承認が得られれば、日本は集団的自衛権を行使して助けに行くこともあるでしょう。また、何らかの事態で、第三国に中国と一緒に出動することもあるでしょう。

もちろん韓国が北朝鮮に攻められて援護を依頼してきた場合も同じです。「集団的自衛権の行使は許せない」と中国や韓国に言われた場合には、そういう説明をきちんとすべきでしょう。

この種の批判をする人は、集団的自衛権イコールアメリカとの活動という固定観念に縛られているようですが、そうではないということは強調しておきたいところです。実際に、日韓で北朝鮮と向き合うというのは、そう荒唐無稽な話ではないのですから。

また、こうした意見を言う人は、アジアというと中国と韓国しかないかのように捉えているようにも見えますが、アジアには実に多くの国があります。その中で中国と日本が戦争をすることを望んでいる国はまずないでしょうが、一方で日米同盟の強化を望んでいる国は多くあります。それが中国への牽制につながるからです。

中国に対して恐怖心、警戒心を持つ多くの国は、頼りになるのはアメリカ軍だけだと考えています。

アジアにおいて有事が発生した場合に、自衛隊が先陣を切って駆けつけると思っている国はないでしょうし、そういうことにはならないでしょう。しかし、アメリカの第七艦隊が航行するにあたり、自衛隊の護衛艦がエスコートするという姿を望んでいる国はあるはずです。そのほうがより地域の安定につながると考えられるからです。

しかし、当然のことながら、集団的自衛権の行使が認められていなければ、そういうことはできません。

また、繰り返しておきますが、中国や韓国は自国の集団的自衛権を有しており、行使も可能だという立場です。彼らが持っている権利を日本が持つからといって、責められる筋合いの話ではないでしょう。そもそも行使が容認されていない現在においても、緊張が高まっているという見方もあるわけです。両国との間の緊張感は、集団的自衛権とは基本的に関係がないし、何ら気にすることなく正面から説明をすればいいだけです。

正面から主張をぶつけ合うことを避けたところで、緊張が緩和されるわけではありません。お互いに言いたいことを言い合ってこそ、良い関係が生まれるのではないでしょうか。

14　一体、どんな危機があるというのか？

「一体、どの国が日本を攻めてくるというのですか？　日本周辺の国、たとえば朝鮮半島有事があったとして、それを日本への攻撃だと見なす必要があるのでしょうか？　放っておけばいいのではないでしょうか？」

どの国が攻めてくるのか、ここで想像をもとに述べることは控えておきますが、もっとも現実的な危機として、北朝鮮が韓国に侵攻するということは想定しておかねばならない事態です。

そんなのは日本に関係ないよ、という人もいるでしょう。

しかし、朝鮮戦争はあくまでも「休戦中」なのです。万一にも北朝鮮が朝鮮半島を統一するというようなことになれば、日本は核を持った独裁国家と国境を接することになります。これは日本の平和と安全に重大な影響を及ぼす事態、すなわち周辺事態だということはいえます。

これを「日本が攻撃された」とみなしうるほど重大な脅威と捉えるかどうかは、その時の判断でしょう。

ただし、日本が集団的自衛権を行使できないということが、北朝鮮が韓国を攻めるかどうか考える際に、彼らにとって「やってみよう」と決断する方の材料の一つになりえるのは間違いありません。

何かあったときに、韓国軍だけが相手になるのか、米軍や自衛隊までも相手にするのかでは、当然「勝率」が変わるわけです。それは攻める側の判断に関わってきます。

だから「どこが攻めてくるのか」と言われれば、

「わかりません。しかし、どの国にせよ攻めてこようという誘惑に駆られないように備えるべきでしょう」

と答えるしかないのです。

少なくとも「他国のことなんか一切知らない。放っておこう」という立場を日本が示したら、北朝鮮にとっては嬉しい話には違いありません。

結局、こういう「他国のことなんか放っておいてもいい」「どの国も攻めてこない」という考え方の人は、今現在のことしか考えていない点が問題です。今はそうであっても何年後かの国際情勢はわかりません。もちろん、より平和になっている可能性もありますが、逆の可能性も十分あります。

注意すべきは、アメリカは「世界の警察」の役目を以前のように果たせなくなった点でしょう。国内からも「もう止めておこうよ」という世論が盛り上がっています。「どうしてうちのお父さんだけが他人のために命を懸けなくてはいけないの」という感じになっているわけです。

しかも、国際的にも感謝されるどころか、煙たがられることが多くなった。シリア攻撃における顚末を報じる日本のメディアの論調も、どこかアメリカが攻撃を断念したことを歓迎するようなトーンがありました。

しかし、こういう状態を歓迎している国があるかもしれないことを忘れてはなりません。それは無法者国家です。自国民を大量に殺害し、他国への侵略を虎視眈々と狙っているような独裁者がいる国です。

シリアが遠い国だから、放っておけばいいや、と思うのかもしれません。しかしこの話を北朝鮮に置き換えてみれば他人事ではないことはわかるはずです。

シリアの現状を見て、北朝鮮は確信を深めたはずです。なるほど、やはり核兵器や化学兵器、ミサイルや潜水艦を持っていれば独裁体制は維持できるのだな、と。

彼らは、二〇一二年に延坪島《ヨンピョンド》を砲撃しています。明らかな停戦合意違反です。また、その二年前には「北朝鮮の魚雷によって哨戒艦が沈められた」と韓国が主張する事件も起きています。いずれの場合も、韓国軍も米軍も北朝鮮を軍事的に攻撃することはしていません。

なぜそうなったのか。北朝鮮側は「やっぱり俺たちが核を持っているからだ」と解釈しているでしょうし、実際にそういう面は強いはずです。まだ彼らの核兵器は使い物にならないかもしれないが、それでも万一核を使われたらたまらない、という判断が米韓にはあった。結果として、その後北朝鮮はより核開発を進めています。

私もあらゆることが平和的に解決するのであれば、それが一番だと思います。しかし、何も準備せず、「宥和政策」を唱えることが、決して平和につながるわけではないのです。

15　徴兵制への布石では？

「集団的自衛権の行使を認めると、海外に自衛隊員が多く行くことになる。そうすると兵士が不足になるから、最終的には徴兵制を導入することになる、という説を読みましたが、本当でしょうか？」

安全保障関連の議論の中でよく「そんなことを許せば徴兵制につながる」といった主張をなさる方々はたしかにおられます。

しかし、軍事合理性から考えて、徴兵制のメリットが日本にはありません。

また、自衛官の志願者は数多くいて、競争率は高いのです。現時点で五倍超です。無理やり入りたくない人を入れる必要がありません。

三か月くらい訓練すれば、一応銃は撃てる程度にはなるかもしれませんが、今の自衛官に要求されるレベルはそれよりもはるかに高いものです。

理想でいえば、海上自衛隊の護衛艦を操作できるような人材はもっと増強してもいいでしょう。しかし、そのような能力を持つ人材を育てるには、大変な手間暇がかかります。一般の学生や会社員を呼んで来て、すぐにどうにかなるような問題ではありません。きちんとしたプロフェッショナルでなければ、実際の役には立ちません。

そもそも、そんなに簡単に「即戦力」が作れるのであれば、自衛官が日々行っている訓練には何の意味があるのか、ということです。体力と気力だけあればいいというものでもない。

現在の兵器はハイテク化が進んでいて、コンピュータの知識がなければ使えないようなものばかりです。素人が入ってきて、すぐにどうこうできるという世界ではありません。

冷静に考えていただきたいのは、仮に徴兵するとして、その兵士たちにも給与を支払わなければならないということです。無給で働かせることは不可能です。そのようなことにつぎ込む予算は日本にはありません。

お隣の韓国が徴兵制をとっているのは、国境を接している隣国が一五〇万人もの兵士を抱えていて、それに対抗する必要があるからです。日本は幸いそういう事情もありません。

集団的自衛権と関係なく、「徴兵制が来る」と不安を煽る人は常にいます。こういう人は　かつて日本で徴兵制があった頃のことをイメージしているのかもしれません。しかし、前述の通り、当時と今とでは兵士に求める能力がまったく異なるので、あの頃のようにはなりません。

高度経済成長の時期には、確かに自衛官不足ということがありました。街中で体格のいい若者に声をかけてスカウトする、という頃をイメージしている人もいるのでしょうか。しかし、当時と違い、就職難ということもあるし、自衛隊のイメージが良くなったこともあり、自衛隊は人気の就職先となっています。どのような角度から見ても、徴兵制を採用する合理的な理由が存在しないのです。そうである以上、ありえないとしか言いようがありません。

なお、自民党の憲法改正草案でも、「徴兵制は憲法に反する」との立場を採っており、安倍総理も「国民は刑罰を除いてその意に反する苦役には服されない」と答弁しています。

戦後長きにわたって徴兵制を維持してきたドイツにおいても、二〇一一年、これを廃止することとなりました。しかし数年前ドイツを訪問し、与野党の議員と議論した際、多くの議員が徴兵制を維持すべきだとした理由は誠に印象的であり、深く考えさせられたものでした。

「ドイツが徴兵制を維持するのは、再びナチスのような存在が台頭することを防ぐためである。軍は市民社会の中に存在しなくてはならず、市民社会と隔絶することがあってはならない。第一次大戦に敗れた後、軍を市民と切り離したために、ナチスのような過激な集団が台頭した。徴兵制は市民と軍とが一体となるために必要な手段なのだ」

彼らは異口同音にそう述べ、同じ敗戦国でこうも考え方が異なるのかと思いました。現代戦において、軍人は徹底したプロフェッショナルでなくてはならず、徴兵制はその面からもコスト面からもデメリットが多いことは先に述べた通りですが、徴兵制を憲法上認めないこととして、その上で軍事組織に対する国民の理解を深め、文民統制を実効あるものとするためには、教育も含めて多大の努力が必要となります。

同じように二〇〇一年、徴兵制を廃止したフランスにおいては、新たに「国防の日」を設け、かつて徴兵適齢期とされた青年たちに、フランスの国防の歴史や安全保障政策を学ばせることとなったと聞きます。

軍事に関することを忌避することがそのまま平和につながるわけではないことを、改めて考えさせられます。

16 結局、イケイケドンドンになるのでは?

「不安なのは、どういう局面では行使できず、どういう局面では行使するのか、その基準が示されないからです。行使するかどうかは国会で決める、と言っていますが、実際には時の政権が決断すればOKになってしまうはずです。イラク戦争の時に、仮に可能であれば、小泉さんはGOサインを出していたような気がします。〝イケイケドンドン〟には、どこで歯止めをきかせることができるのでしょうか?」

本書を通して述べてきたように、集団的自衛権行使には、いくつもの条件があります。自民党として決定した国家安全保障基本法案(概要)には次のように書いてあります(巻末の付録参照)。

① 我が国、あるいは我が国と密接な関係にある他国に対する、外部からの武力攻撃が発生した事態であること。
② 自衛権行使に当たって採った措置を、直ちに国際連合安全保障理事会に報告すること。
③ この措置は、国際連合安全保障理事会が国際の平和及び安全の維持に必要な措置が講じられたときに終了すること。
④ ①に定める「我が国と密接な関係にある他国」に対する武力攻撃については、その国に対する攻撃が我が国に対する攻撃とみなしうるに足る関係性があること。
⑤ ①に定める「我が国と密接な関係にある他国」に対する武力攻撃については、当該被害国から我が国の支援についての要請があること。
⑥ 自衛権行使は、我が国の安全を守るため必要やむを得ない限度とし、かつ当該武力攻撃との均衡を失しないこと。

心配をする人は、理屈なんてどうにでもこじつけることができる、とお考えかもしれません。しかし思い出していただきたいのは、サマーワに自衛隊を派遣したときのことです。

あのときの目的は、戦闘ではなく、人道復興支援活動と安全確保支援活動でした。それでも実現するには、激論が交わされ、また新たな法律（イラク人道復興支援特措法）をつくる必要がありました。水の補給や、道路の敷設といったことをするための派遣であっても、大変な苦労をしてようやく実現したのです。

それを考えれば、実際の戦闘地域に自衛隊を派遣するというようなことが簡単にできるはずがありません。

集団的自衛権を行使して、海外に自衛隊を派遣する際には、原則として国会の事前承認が必要となります。そこで過半数の賛成を得なければ、実行はできません。

いかにその時の首相の支持率が高かろうとも、国会議員はそれぞれ地元の有権者の意向を無視することはできないものです。次の選挙のことを考えたら、こんな重要なことで、首相の言う通りにするわけにはいかない。国民の多くが納得できないような戦争への参加であれば、賛成票を投じるとは思えません。

強大な権力を持つアメリカ大統領が決断したシリア攻撃が、議会によって否決されたのは記憶に新しいところでしょう。イギリスでも同様のことが起きました。民主主義国家とはそういうものです。

つまり、自らの国家の決断について、民主主義国の国民が主体的に考えれば、「時の政府が勝手にゴーサインを出してしまう」ような事態は避けられるということです。

かつての戦争の時には、マスコミも国民もイケイケでした。それが戦争を後押ししたという面は否定できません。そこからの連想で、またそういう事態になるのでは、という懸念を持つ人がいることは理解できます。

しかし、日本国民はあの戦争の教訓を忘れてしまっているほど愚かな存在だと私は思っていません。また、今の日本が自ら積極的に戦争に参加するメリットもありません。

一方で、集団的自衛権の行使を可能にしておくことのメリットは、ここまでに述べてきたとおりです。

濫用の歯止めは何かといえば、最終的には「国民の良識」ということになります。不安だという人は、そこに自信がないのでしょうか。

しかし、今の日本国民にはその良識がある。そう私は信じています。

付録　国家安全保障基本法について

ここに掲載する「国家安全保障基本法案」は、まだ正式に国会に提出したものではなく、私が私案としてつくった叩き台をベースに、国防部会から総務会まで自民党内での一〇年近くにわたる検討を経たものです。従ってあくまでも「案」であり、また「概要」の段階です。

なぜ、こういうものをつくらねばならないと考えたのか。安全保障の基本的な方針が閣議決定のみで決められているという日本の状況が、きわめて不自然だからです。

日本国憲法には、軍隊や安全保障については一切書かれていません。それに関連した法律といえば、自衛隊法や防衛省設置法という個別の法律のみです。

本来、災害対策や原子力政策といった大きなテーマについては、「災害対策基本法」や「原子力基本法」のような基本法があり、その下にまた法律があるという形が自然です。ところが、国家にとって最重要課題のひとつである安全保障に関しては、基本法がないまま今日に至っています。

では何に従って政策がつくられているか、方針が決まっているかといえば、「国防の基本方針」「武器輸出三原則等」といった閣議決定なのです（二〇一三年末、国家安全保障戦略の策定により、「国防の基本方針」は廃止されました）。本書の中でも、多くのことが閣議決定や、法制局の答弁が根拠とされていることにお気づきだと思います。国民から見ても、諸外国から見ても、日本の安全保障の基本方針の根拠が内閣による決定のみというのは、安定性や透明性に欠けるのではないでしょうか。

集団的自衛権の行使を可能にする場合でも、政府の方針をもとに細かい法律をつくったり、閣議決定をしたり、というやり方で間に合うのかもしれません。しかし、きちんとした基本方針を、国権の最高機関たる国会が、法律として明示したほうがいいのではないか。そう考えてつくったのが、この法案概要です。

集団的自衛権の行使については「原則として事前の国会承認を必要とする」としていますが、「原則として、ということは抜け道があるということではないか」といった疑念を抱く人がいるかもしれません。なぜあえて「原則として」という文言を入れたかといえば、国会を召集していてはとても間に合わないような限定的な事態を想定してのことです。たとえば、アメリカを攻撃するミサイルが数時間のうちに発射されそうだ、となった場合には、国会を召集している時間はありませんから、ある限定的な事態については予め「みなし承認」のような決定をしておく必要があります。

しかし通常は、個別的自衛権よりも集団的自衛権のほうが発動には時間的余裕があるでしょうから、国会の承認を事前に受けることを原則としています。

この法案の第9条では、「国際の平和及び安全の維持に係る国際社会の取組に我が国として主体的かつ積極的に寄与すること」と書きました。日本がGDP第三位の国として平和と繁栄を享受できているのは、国際社会の平和や安定の恩恵を受けている面が非常に大きいのは言うまでもありません。

日本の豊かさは、決して日本単独の力で得られているものではなく、国際社会のさまざまな要因と結びついていることは否定できない事実です。だからこそ、私たちは「主体的かつ積極的」に国際の平和と安全に寄与すべきだと考えます。

自由民主党　国家安全保障基本法案（概要）

平成二四年七月四日

第1条　本法の目的

本法は、我が国の安全保障に関し、その政策の基本となる事項を定め、国及び地方公共団体の責務と施策とを明らかにすることにより、安全保障政策を総合的に推進し、もって我が国の独立と平和を守り、国の安全を保ち、国際社会の平和と安定を図ることをその目的とする。

第2条　安全保障の目的、基本方針

安全保障の目的は、外部からの軍事的または非軍事的手段による直接または間接の侵害その他のあらゆる脅威に対し、防衛、外交、経済その他の諸施策を総合して、これを未然に防止しまたは排除することにより、自由と民主主義を基調とする我が国の独立と平和を守り、国益を確保することにある。

2　前項の目的を達成するため、次に掲げる事項を基本方針とする。

一　国際協調を図り、国際連合憲章の目的の達成のため、我が国として積極的に寄与す

ること。

二　政府は、内政を安定させ、安全保障基盤の確立に努めること。

三　政府は、実効性の高い統合的な防衛力を効率的に整備するとともに、統合運用を基本とする柔軟かつ即応性の高い運用に努めること。

四　国際連合憲章に定められた自衛権の行使については、必要最小限度とすること。

第3条　国及び地方公共団体の責務

国は、第2条に定める基本方針に則り、安全保障に関する施策を総合的に策定し実施する責務を負う。

2　国は、教育、科学技術、建設、運輸、通信その他内政の各分野において、安全保障上必要な配慮を払わなければならない。

3　国は、我が国の平和と安全を確保する上で必要な秘密が適切に保護されるよう、法律上・制度上必要な措置を講ずる。

4　地方公共団体は、国及び他の地方公共団体その他の機関と相互に協力し、安全保障に関する施策に関し、必要な措置を実施する責務を負う。

5　国及び地方公共団体は、本法の目的の達成のため、政治・経済及び社会の発展を図るべく、必要な内政の諸施策を講じなければならない。
6　国及び地方公共団体は、広報活動を通じ、安全保障に関する国民の理解を深めるため、適切な施策を講じる。

第4条　国民の責務
国民は、国の安全保障施策に協力し、我が国の安全保障の確保に寄与し、もって平和で安定した国際社会の実現に努めるものとする。

第5条　法制上の措置等
政府は、本法に定める施策を総合的に実施するために必要な法制上及び財政上の措置を講じなければならない。

第6条　安全保障基本計画
政府は、安全保障に関する施策の総合的かつ計画的な推進を図るため、国の安全保障に関する基本的な計画（以下「安全保障基本計画」という。）を定めなければならない。
2　安全保障基本計画は、次に掲げる事項について定めるものとする。
一　我が国の安全保障に関する総合的かつ長期的な施策の大綱
二　前号に掲げるもののほか、安全保障に関する施策を総合的かつ計画的に推進するために必要な事項
3　内閣総理大臣は、前項の規定による閣議の決定があったときは、遅滞なく、安全保障基本計画を公表しなければならない。
4　前項の規定は、安全保障基本計画の変更について準用する。

（※別途、安全保障会議設置法改正によって、
・安全保障会議が安全保障基本計画の案を作成し、閣議決定を求めるべきこと
・安全保障会議が、防衛、外交、経済その他の諸施策を総合するため、各省の施策を調整する役割を担うこと
を規定）

第7条　国会に対する報告

政府は、毎年国会に対し、我が国をとりまく安全保障環境の現状及び我が国が安全保障に関して講じた施策の概況、ならびに今後の防衛計画に関する報告を提出しなければならない。

第8条　自衛隊

外部からの軍事的手段による直接または間接の侵害その他の脅威に対し我が国を防衛するため、陸上・海上・航空自衛隊を保有する。

2　自衛隊は、国際の法規及び確立された国際慣例に則り、厳格な文民統制の下に行動する。

3　自衛隊は、第一項に規定するもののほか、必要に応じ公共の秩序の維持に当たるとともに、同項の任務の遂行に支障を生じない限度において、別に法律で定めるところにより自衛隊が実施することとされる任務を行う。

4　自衛隊に対する文民統制を確保するため、次の事項を定める。

一　自衛隊の最高指揮官たる内閣総理大臣、及び防衛大臣は国民から選ばれた文民とすること。
二　その他自衛隊の行動等に対する国会の関与につき別に法律で定めること。

第9条　国際の平和と安定の確保

政府は、国際社会の政治的・社会的安定及び経済的発展を図り、もって平和で安定した国際環境を確保するため、以下の施策を推進する。
一　国際協調を図り、国際の平和及び安全の維持に係る国際社会の取組に我が国として主体的かつ積極的に寄与すること。
二　締結した条約を誠実に遵守し、関連する国内法を整備し、地域及び世界の平和と安定のための信頼醸成に努めること。
三　開発途上国の安定と発展を図るため、開発援助を推進すること。なおこの実施に当たっては、援助対象国の軍事支出、兵器拡散等の動向に十分配慮すること。
四　国際社会の安定を保ちつつ、世界全体の核兵器を含む軍備の縮小に向け努力し、適切な軍備管理のため積極的に活動すること。
五　我が国と諸国との安全保障対話、防衛協力・防衛交流等を積極的に推進すること。

第10条　国際連合憲章に定められた自衛権の行使

第2条第2項第四号の基本方針に基づき、我が国が自衛権を行使する場合には、以下の事項を遵守しなければならない。

一　我が国、あるいは我が国と密接な関係にある他国に対する、外部からの武力攻撃が発生した事態であること。

二　自衛権行使に当たって採った措置を、直ちに国際連合安全保障理事会に報告すること。

三　この措置は、国際連合安全保障理事会が国際の平和及び安全の維持に必要な措置が講じられたときに終了すること。

四　一号に定める「我が国と密接な関係にある他国」に対する武力攻撃については、その国に対する攻撃が我が国に対する攻撃とみなしうるに足る関係性があること。

五　一号に定める「我が国と密接な関係にある他国」に対する武力攻撃については、当該被害国から我が国の支援についての要請があること。

六　自衛権行使は、我が国の安全を守るため必要やむを得ない限度とし、かつ当該武力攻撃との均衡を失しないこと。
2　前項の権利の行使は、国会の適切な関与等、厳格な文民統制のもとに行われなければならない。

（※別途、武力攻撃事態法と対になるような「集団自衛事態法」（仮称）、及び自衛隊法における「集団自衛出動」（仮称）的任務規定、武器使用権限に関する規定が必要。

当該下位法において、集団的自衛権行使については原則として事前の国会承認を必要とする旨を規定）

第11条　国際連合憲章上定められた安全保障措置等への参加

我が国が国際連合憲章上定められ、又は国際連合安全保障理事会で決議された等の、各種の安全保障措置等に参加する場合には、以下の事項に留意しなければならない。
一　当該安全保障措置等の目的が我が国の防衛、外交、経済その他の諸政策と合致すること。
二　予め当該安全保障措置等の実施主体との十分な調整、派遣する国及び地域の情勢についての十分な情報収集等を行い、我が国が実施する措置の目的・任務を明確にすること。

（※本条の下位法として国際平和協力法案〔いわゆる一般法〕を予定）

第12条　武器の輸出入等

国は、我が国及び国際社会の平和と安全を確保するとの観点から、防衛に資する産業基盤の保持及び育成につき配慮する。

2　武器及びその技術等の輸出入は、我が国及び国際社会の平和と安全を確保するとの目的に資するよう行われなければならない。特に武器及びその技術等の輸出に当たっては、国は、国際紛争等を助長することのないよう十分に配慮しなければならない。

石破 茂 1957（昭和32）年生まれ。
鳥取県出身。慶應義塾大学法学部
卒業。1986年衆議院議員に当選し、
防衛大臣、農林水産大臣等を歴任。
2012年自民党幹事長に就任。著書
に『国防』『国難』など。

Ⓢ新潮新書

558

日本人《にほんじん》のための「集団的自衛権《しゅうだんてきじえいけん》」入門《にゅうもん》

著 者 石破《いしば》 茂《しげる》

2014年2月20日 発行

発行者 佐 藤 隆 信

発行所 株式会社新潮社

〒162-8711 東京都新宿区矢来町71番地
編集部（03）3266-5430 読者係（03）3266-5111
http://www.shinchosha.co.jp

印刷所 錦明印刷株式会社

製本所 錦明印刷株式会社

ISBN978-4-10-610558-6 C0231

価格はカバーに表示してあります。

石破　茂◎好評既刊

国防

すべてを知るべき時が来た

防衛庁長官、防衛大臣を歴任した著者だからこそ語れる「国防の基本」。朝四時四〇分から始まる、長官時代の日常とは？　北朝鮮の弾道ミサイルをどう防ぐのか？　徴兵制は憲法違叛なのか？　日本のテロ対策は万全なのか？　国民のあらゆる素朴な疑問に答える。文庫用まえがき、あとがきを加えた決定版。

新潮文庫

国難―政治に幻想はいらない―

本気で考えた、覚悟と矜持の一冊！

耳に心地のよいことばかり言う政治家と、そんな政治家を信用していない国民……政治不信に満ち溢れた今だからこそ、甘言から決別し、真実のみを語り尽くした。立ち直る処方箋はあるのか。「日本に残された時間は実に短く、とれる選択肢の幅は恐ろしく狭い」。日本人必読の書。